FACULTÉ DE DROIT DE L'UNIVERSITÉ DE PARIS

DE L'INFLUENCE

DE LA

BAISSE DU TAUX DE L'INTÉRÊT

SUR LA HAUSSE DES SALAIRES

I0031055

THÈSE POUR LE DOCTORAT

L'ACTE PUBLIC SUR LES MATIÈRES CI-DESSUS

Sera présenté et soutenu le mercredi 21 juin 1899 à 8 heures 1|2

PAR

PAUL CAHEN

Lauréat des Facultés de droit de Paris et de Nancy
Attaché au Ministère des Finances.

Président : M. GIDE, *professeur.*
Suffragants { MM. LÉVEILLÉ, *professeur.*
ESTOUBLON, *professeur.*

PARIS

LIBRAIRIE DE LA SOCIÉTÉ DU RECUEIL GÉNÉRAL DES LOIS ET DES ARRÊTS
ET DU JOURNAL DU PALAIS
Ancienne Maison L. LAROSE et FORCEL
22, *rue Soufflot,* 22
L. LAROSE, Directeur de la Librairie
1899

THÈSE

POUR

LE DOCTORAT

La Faculté n'entend donner aucune approbation ni improbation aux opinions émises dans les thèses ; ces opinions doivent être considérées comme propres à leurs auteurs.

FACULTÉ DE DROIT DE L'UNIVERSITÉ DE PARIS

DE L'INFLUENCE

DE LA

BAISSE DU TAUX DE L'INTÉRÊT

SUR LA HAUSSE DES SALAIRES

THÈSE POUR LE DOCTORAT

L'ACTE PUBLIC SUR LES MATIÈRES CI-DESSUS

Sera présenté et soutenu le mercredi 21 juin 1899 à 8 heures 1/2

PAR

PAUL CAHEN

Lauréat des Facultés de droit de Paris et de Nancy
Attaché au Ministère des Finances.

Président : M. GIDE, *professeur*
Suffragants { MM. LÉVEILLE. *professeur.*
ESTOUBLON. *professeur.*

PARIS

LIBRAIRIE DE LA SOCIÉTÉ DU RECUEIL GÉNÉRAL DES LOIS ET DES ARRÊTS
ET DU JOURNAL DU PALAIS
Ancienne Maison L. LAROSE et FORCEL
22, rue Soufflot, 22
L. LAROSE, Directeur de la Librairie
1899

INTRODUCTION

I

Lors de la grande enquête anglaise de 1840 sur la condition des ouvriers, James Nasemyth, un des plus importants fabricants de machines, répondit, comme on lui demandait ce que devenaient les adultes qu'il remplaçait par des apprentis : « Je l'ignore, mais je m'en remets pour cela à l'action des lois naturelles qui régissent la société. »

C'est, aujourd'hui encore, cette action des lois naturelles qu'invoquent les économistes de l'école dite classique, lorsqu'on leur parle d'améliorer le sort des classes prolétaires. « Laissez faire la nature, disent-ils, elle est bonne en elle-même, et ses forces, laissées libre d'agir, résoudront mieux que toutes les révolutions la question sociale.

« Voyez : dès maintenant le capital est entrain d'abandonner une partie de sa rémunération au travail : cette baisse du taux de l'intérêt, dont nous sommes à l'heure

Cahen   1

actuelle les témoins, à qui profite-t-elle, en effet, sinon à l'associé naturel et indispensable du capital dans la production, sinon au travail ? Et comme cette baisse du taux de l'intérêt doit aller en s'accentuant, la hausse des salaires, par contre-partie, se continuera sans cesse, jusqu'au moment où l'ouvrier aura toute la part qu'il réclame.

« D'ailleurs de quoi se plaint le salarié ? sa situation n'est-elle pas le résultat d'un contrat, d'un accord libre entre deux volontés, et n'est-ce pas lui qui, le premier dit : « J'estime que ma part doit être de tant », le capital prenant ce qui reste, s'il reste quelque chose. Le lot du travailleur même est préférable ; il est sûr, en effet, d'être rémunéré à date fixe, que l'entreprise laisse ou non des bénéfices, et si la prospérité règne dans l'usine, le patron se montrera le plus souvent généreux vis-à-vis de ceux qu'il emploie, il les appellera à la répartition des profits, élevera les salaires, créera des caisses de secours, de retraites, etc.... »

Pour nous, nous ne croyons pas qu'on puisse s'en remettre ainsi à l'action des lois naturelles, pour résoudre les questions sociales : il faut s'aider, si l'on veut que la nature nous aide. Il nous semble même dangereux de laisser s'implanter de semblables doctrines, dont l'optimisme facile éteint tout désir de réforme et engourdit les volontés.

Il suffit pourtant d'ouvrir les yeux pour apercevoir la misère autour de soi. Dans un seul quartier de Paris, MM. Du Mesnil et Mangenot ont trouvé 331 ménages (sur 814 de considérés) dont le revenu journalier par tête est inférieur à

1 fr. (1), 158 où il atteint cette somme et seulement 325 où il la dépasse ; or, d'après leurs constatations mêmes, il faut un minimum de 1 franc par jour pour pouvoir subsister (2), de sorte que près de la moitié de ces ménages seront obligés de recourir à l'assistance. De telles observations, faites dans un arrondissement exceptionnellement misérable, ne sauraient évidemment être généralisées ; mais enfin, elles suffisent à prouver que l'organisation actuelle est perfectible, car on ne saurait admettre que tout est pour le mieux dans une société où il y a des gens qui travaillent et qui pourtant ne peuvent se suffire (3).

De même, la misère de l'ouvrière à Paris a été singulièrement mise en lumière par l'enquête de M. Ch. Benoist (4). Il nous a montré la couturière, la chemisière ou la giletière, travaillant nuit et jour pour un salaire dérisoire, et n'arrivant pas, quels que soient ses efforts et ses peines, à éviter le déficit, les dettes, en fin d'année (5).

---

1. *Enquête sur les logements, professions, salaires et budgets* (*Loyers inférieurs à 400 fr.*) par les docteurs Du Mesnil et Mangenot (Chaix, 1899), page 142.

2. *Ibid.*, page 160.

3. Car la plupart des ménages considérés travaillent ; ce sont en général des chiffonniers.

4. Ch. Benoist. *Les ouvrières de l'aiguille à Paris.* (Léon Chailley, 1895).

5. M. Benoist, bien qu'appartenant à l'opinion la plus modérée, reconnaît que la loi devrait intervenir pour faire cesser la trop grande misère de l'ouvrière de l'aiguille à Paris, que l'action des

L'ouvrier, lui-même, plus armé et plus fort pour se défendre, ne s'en trouve pas moins dans une situation inférieure à celle du patron dans le contrat de travail.

Il ne saurait, en effet, être question d'égalité, entre le salarié, condamné à accepter n'importe quelles conditions sous peine de mourir de faim, et l'entrepreneur qui peut attendre, et dont les pertes seront peu considérables si son usine vient à chômer quelque temps. Et la loi elle-même a reconnu que ce n'était pas là un contrat purement du Code civil, puisque, pour en juger les contestations, elle a cru devoir instituer un tribunal spécial : le conseil des prud'hommes.

---

lois naturelles, n'a eu, sur ce point, qu'un résultat : l'exploitation de l'ouvrière. Voici d'ailleurs ce passage (chap. I *in fine*).

« On vient demander de bonne foi si c'est vraiment une loi naturelle, qu'une femme, au prix de 12 ou 13 heures d'un travail opiniâtre, gagne à peine de quoi se loger dans un taudis, se vêtir de haillons et se nourrir d'un sou de lait ; si vraiment elle existe, et s'il n'y a rien à tenter contre elle, cette loi plus dure que la loi d'airain, et que l'on ne sait de quel métal nommer ; si vraiment il faut assombrir encore la formule empruntée par Lassalle à Turgot... et s'il faut dire : « En tout genre de travail, il doit arriver, et il arrive en effet, que le salaire de l'ouvrière tombe un peu plus bas que ce qui est indispensable pour lui procurer la subsistance, à elle de combler le vide en se rappelant qu'elle est femme ! »

. . . .

« Prenons-y garde, elle a presque toujours quelqu'un à qui dire le soir : « Je gagne 3 fr. 50 par jour à coudre cette robe de 500 fr. » Et ce n'est pas seulement la misère que voilà, mais toutes sortes de colères avec elle ! »

II

S'il y avait réellement égalité dans la rémunération du capital et du travail, comme tous deux sont des agents indispensables de la production, il y aurait entre eux, au moins dans une certaine mesure, partage des bénéfices.

Or, dans la réalité, il n'en est pas ainsi ; ce n'est pas comme associé que l'ouvrier vient à la répartition : son labeur a été acheté à des prix fixés par la coutume, et par le coût des objets de première nécessité ; il n'a rien à réclamer quelle que soit la réussite de l'entreprise, il n'est qu'un instrument, qu'une main (hand), suivant l'expression anglaise. C'est là une vérité bien évidente : un patron, en effet, avant de fonder une usine fait des devis, et il comprend dans ses frais généraux le total prévu des salaires. C'est une marchandise qui lui est indispensable, dont la valeur lui est connue, et il est trop soucieux de ses intérêts personnels pour aller bénévolement la payer plus cher que le prix courant. « Que l'on ne perde pas de vue que la science industrielle consiste à obtenir d'un être humain la plus grande somme possible de travail utile, en le rémunérant au taux le plus bas », répond un patron à l'enquête belge de 1886 (1). Plus tard, sans doute, si les bénéfices sont élevés, l'exploitant parfois fera quelques fondations en faveur

---

1. Tome I. Réponse n° 2.220.

de ses ouvriers ; il essaiera par d'habiles ou généreuses institutions de calmer les irritations qui peuvent gronder dans ces foules obligatoirement instruites et armées du droit de vote, mais ce ne sera là qu'une pure concession de sa part, un acte de charité ou d'adresse : le travail objet payé n'a rien à réclamer (1).

A cette infériorité du salarié, on trouve, il est vrai, une explication, dans le fait qu'il court moins de risques que le capitaliste, puisqu'il est sûr d'être rémunéré en tout état de cause, alors que souvent, ce dernier ne recevra rien.

Mais, en réalité, si cette situation vient à se prolonger, l'usine fermera ses portes : tous ceux alors qu'elle employait, se trouveront sans pain ; ils chercheront un emploi de leurs bras, acceptant toutes les conditions qu'on pourra leur offrir, et on se montrera d'autant plus rigoureux à

1. Actuellement, pourtant, la loi du 29 juin 1894, relative aux « Caisses de secours et de retraites des ouvriers mineurs » (complétée par les lois du 19 décembre 1894 et 16 juillet 1896) a inauguré, en France, l'assurance obligatoire pour l'industrie minière : elle contraint les exploitants de mines à verser pour la formation de pensions de retraite, des sommes égales à 4 o/o du salaire de leurs ouvriers et employés (la moitié de ces sommes étant prélevée sur le salaire) et à contribuer pour un tiers à la création et à l'entretien de caisses de secours.

Enfin la loi du 10 avril 1898 sur la « responsabilité des accidents », sans décréter formellement l'assurance obligatoire, l'a rendu nécessaire pour beaucoup d'industriels. L'application de cette loi rencontre en fait, de très grandes résistances ; elle ne doit, d'ailleurs, entrer en vigueur qu'à partir du 1er juillet 1899.

leur égard, qu'ils seront plus nombreux à chômer, que l'offre de travail sera plus considérable.

L'ouvrier est donc lui aussi intéressé à la réussite de l'entreprise, et dès lors, on est en droit de se demander pourquoi il se trouve complètement écarté du partage des bénéfices.

Les économistes, même les plus conservateurs, sentent bien qu'il y a là une infériorité du travail dans la répartition ; ils trouvent, en effet, parfaitement légitime que la part de ce dernier s'accroisse, tandis que celle du capital diminue : c'est admettre implicitement que le salarié n'avait pas autrefois toute la rémunération qui devait lui revenir (1) et que le capital prenait trop : mais d'après eux, le jeu des lois naturelles, serait, aujourd'hui, en train de rétablir l'équilibre, et de rendre à chacun la récompense qui lui est due.

L'étude qu'on va lire a pour objet de montrer tout ce que cette assertion a de contestable : on verra, que la part du capital employé dans l'industrie n'a pas diminué, qu'elle a même augmenté plus vite que celle du travail, que, par suite, la fusion des classes sociales est encore bien éloignée, et qu'enfin il n'est pas près de luir, le jour attendu par

---

1. Et comment admettre que l'ouvrier recevait autrefois son juste salaire, lorsqu'on songe à la rémunération infime payée aux tisserands de Silésie ou de Bohême, il y a cinquante ans. On peut se faire une idée de leur misère par la lecture de « *Rübezahl* » de Freiligrath, ou des « *Tisserands* » de Henri Heine.

M. Cheysson (1), où il n'y aura plus que des travailleurs aux
intérêts commun, aux aspirations communes.

III

Beau rêve ! Mais qui peut supposer un instant que le travail puisse devenir la grande loi sociale à laquelle tous
soient soumis ? Ne songe-t-on pas que si tout le monde
travaillait, il y aurait un tel besoin de capitaux, que le taux
de l'intérêt se relèverait rapidement ? Et que deviendrait,
dès lors, cette émancipation des classes prolétariennes par
le seul jeu des forces naturelles ?

Nous ne nions certes pas les effets bienfaisants de la
baisse du taux de l'intérêt ; nous reconnaissons volontiers
que, pendant toute sa durée, elle diminuera les charges des
Etats, qu'elle permettra l'exécution d'entreprises qui paraissaient impossibles, qu'elle aidera les pauvres à réduire
des dettes souvent lourdes. Mais de là en faire, je ne sais
quelle loi d'émancipation sociale, arrivant, comme le croit
M. Leroy-Beaulieu (2) « à diminuer l'inégalité des conditions entre les hommes », la distance est grande.

---

1. « *La crise du revenu et la loi du travail* ». Conférence faite
à Amiens le 6 avril 1897 publiée par la *Revue politique et parlementaire* du 10 novembre 1897, page 295.

2. *Précis d'économie politique*, page 152.

M'entretenant récemment avec un industriel de Paris, dont les débuts furent des plus modestes, je lui demandai. si, à son avis, la baisse du taux de l'intérêt permettait à l'ouvrier de s'établir plus aisément à son compte.

« Le contraire serait plus près de la vérité, me fut-il répondu. On ne prête d'abord qu'aux riches, et si, par hasard, il se trouve quelqu'un pour avoir confiance dans la bonne volonté et dans le courage d'un jeune ouvrier, soyez sûr que le créancier fera payer cher les risques supplémentaires que courront ses capitaux ; d'un autre côté tout a renchéri : la main d'œuvre, le loyer, les impôts, de sorte qu'une plus grande quantité de capitaux est nécessaire, et le revenu global qu'ils exigent est peut-être plus considérable qu'il y a cinquante ans.

« Si le salarié qui veut devenir patron ne trouve pas la situation améliorée par une baisse du taux de l'intérêt dont il ne ressent pas les effets, les grandes entreprises en pleine prospérité, peuvent, elles, profiter de cette diminution du loyer de l'argent pour s'agrandir, absorber les petites industries similaires, faire une concurrence acharnée et désastreuse aux exploitations qui se fondent. Et au total, il est plus difficile que jamais, aujourd'hui, à l'ouvrier de sortir de sa classe. de tenter de s'élever : si moi-même, je me trouvais, dans la situation où j'étais autrefois, toute mon ambition devrait se borner à passer contre-maître ! »

IV

La situation actuelle, et l'avenir qu'elle nous prépare, ne sont donc pas aussi rassurants qu'on veut se l'imaginer. — C'est un aspect de cette situation actuelle que nous allons examiner, et encore restreindrons-nous de beaucoup notre champ d'études.

Nous laisserons, en effet, complètement de côté le salariat agricole, et ceci pour plusieurs raisons.

D'abord, parce que l'ouvrier, dans les campagnes, est très souvent propriétaire lui-même (1), et ensuite, à cause de la nature du prolétariat agricole. Là, aucune organisation, aucun groupement, aucun syndicat : le salarié, d'ailleurs fait partie de la maison, il est logé et nourri, il mange à la même table que le patron dont il partage les travaux : il est plutôt comparable à l'employé de magasin dans les petites localités. Souvent aussi, il va se faire embaucher à la ville une partie de l'année comme terrassier ou maçon, et la quotité exacte de son salaire serait très difficile à établir (2).

---

1. 730.000 ouvriers sur 1.500.000 sont en même temps propriétaires d'après l'enquête de 1882.

2. D'après l'enquête de 1892 (*Bulletin du ministère de l'Agriculture* de décembre 1897) les salaires journaliers auraient entre 1882 et 1892, baissé de plus de 8 o/o.

Ne considérant que les ouvriers industriels nous ne nous occuperons pas des revenus fonciers.

Il y a là, certainement, une très grave lacune. Lorsqu'on parle, en effet, de baisse du taux de l'intérêt, il faut bien comprendre à la fois les propriétés mobilières et immobilières ; mais, comme il ne s'agira exclusivement que du salariat industriel, nous avons cru pour ne pas trop étendre cette étude, pouvoir négliger la baisse du taux de l'intérêt dans les revenus fonciers (1) ; d'ailleurs si l'abaissement du loyer de l'argent a pu avoir une influence quelconque sur la part du travail, l'ouvrier industriel plus intelligent et mieux groupé, aura été plus apte à en recueillir les fruits.

V

Nous mettrons d'abord en présence les deux faits de hausse du taux des salaires et de baisse du taux de l'intérêt, puis nous verrons, si, historiquement et dans l'état des choses actuel, ce dernier phénomène a pu agir sur le pre-

---

1. Remarquons toutefois que la baisse du taux de l'intérêt dans les revenus fonciers, provient surtout de causes purement extérieures, et que, par cela même, elle a dû rester sans effet sur les salaires. Voir à ce sujet la très intéressante étude de M. M. Bourgoin, dans la *Revue politique et parlementaire* du 10 septembre 1898, page 516 et suiv.

mier, si le capital a réellement abandonné quelque part au travail.

§ I

Nous raisonnerons, par la suite, à peu près uniquement sur les sociétés par actions, et ceci pour deux raisons : d'abord à cause de l'impossibilité, à peu près complète où l'on est, de se procurer des documents certains sur les profits des patrons et les salaires distribués, lorsqu'on ne se trouve pas en présence de sociétés par actions ; et ensuite, parce que ce sont bien les dividendes et intérêts qui constituent l'expression la plus importante de la part du capital dans la répartition des profits industriels : ce sont les sociétés anonymes ou en commandite qui possèdent les établissements les plus importants, (1) ceux où les moteurs

---

1. Voici, à ce sujet, ce que dit M. Cheysson dans son rapport sur les institutions patronales, ch. IV. § 10, (tome II des rapports du groupe d'économie sociale, p. 427 et 428). « Le jour où la machine à vapeur a mis à la disposition de la production une force accumulée, elle a exigé qu'on groupât autour d'elle des milliers d'ouvriers... Par leur ampleur même, la plupart des entreprises de la grande industrie dépassent les forces individuelles, ou, par l'étendue de leurs risques, elles menaceraient, en cas d'insuccès, d'engloutir la fortune du père de famille...

« Dans ces deux cas, c'est la société anonyme par action qui est seule de mise, et c'est elle qui a opéré les principaux miracles dont le siècle à son déclin est le témoin ébloui. C'est elle qui trace les

mécaniques ont le plus de puissance, (1)où les ouvriers sont le plus nombreux, le capital engagé le plus considérable (2).

§ 2

Nous paraîtrons aussi confondre souvent les deux termes de dividendes et d'intérêts qui devraient être distingués. L'intérêt, en effet, c'est le loyer annuel payé pour l'argent emprunté, c'est un chiffre fixe, invariable, (sauf le cas de conversion). Le dividende, lui, n'est distribué que si l'entreprise laisse des bénéfices : il représente la part dans le profit, et peut par suite subir des fluctuations tous les ans. Mais le capitaliste à la veille de faire un placement, suffisamment renseigné sur les sommes distribuées précédemment aux actionnaires (3), sachant bien, d'autre part, que si l'industrie est prospère, les dividendes annuels seront sensiblement égaux, ou ne pourront qu'augmenter, confondra le plus souvent l'intérêt avec le dividende, et c'est aussi

chemins de fer, perce les montagnes et les isthmes ; elle qui... ; elle qui exploite les gisements de combustibles et de minerais, qui fabrique en grand les métaux et l'outillage de l'industrie, de l'agriculture, de l'armée ».

1. *Office du travail.* Enquête sur la durée du travail et le taux des salaires. Tome IV, p. 12.

2. *Office du travail.* Même enquête. Album graphique. Planche 5.

3. Et la loi, dans la mesure du possible, s'oppose à la distribution de dividendes fictifs. Articles 10 et 12 du code de commerce, et 405 du code pénal.

bien aux actions qu'aux obligations qu'il pense, lorsqu'il se plaint que l'argent ne rapporte plus rien. — Les économistes eux-mêmes font parfois cette confusion : ainsi M. Leroy-Beaulieu donne comme principale cause à l'abaissement du taux de l'intérêt, la diminution du rendement des capitaux, c'est-à-dire la diminution des profits(1).

D'ailleurs, le profit paraît obéir aux mêmes lois générales que l'intérêt, et les théoriciens qui admettent que le loyer de l'argent a une tendance à la baisse, prétendent également que les bénéfices doivent aller sans cesse en se réduisant.

Nous garderons, nous aussi, cette confusion entre l'intérêt et le profit ; mais, comme nous prendrons successivement les actions et les obligations, il sera, en fait, assez aisé au lecteur, s'il le juge à propos, de les séparer l'un de l'autre.

§ 3

Nous envisagerons également surtout les sociétés prospères : la raison en est simple. Lorsqu'une entreprise est peu heureuse, le patron, avant de songer à améliorer le salaire de ses ouvriers, doit penser à leur fournir du travail, et pour cela, se sauver lui-même, de la faillite. La baisse du taux de l'intérêt des actions provient alors de la diminution

---

1. Voir page 23.

des profits, et, pour les obligations, le taux reste encore fort
élevé, et subit même parfois une hausse, par suite de l'augmentation des risques.

§ 4

Nous avons aussi à nous reprocher d'avoir surtout étudié
ce qui se passait en France ; mais ce qui est exact pour un
pays, l'est, vraisemblablement, pour le reste du monde.
D'ailleurs, nous ne pouvions songer, dans une première
étude, à pousser très loin nos investigations, et il était
tout naturel de commencer par la nation où les observations étaient le plus aisées ; d'autant plus que l'Office du
travail avec son enquête de 1890 qui porte sur 674.000 personnes et 2.957 établissements (sans les entreprises de transport), nous offrait des chiffres d'une assez grande certitude,
et tels que nous n'en pouvions trouver, à peu près nulle part,
à l'étranger.

Quant aux documents et statistiques que nous avons été
obligé de citer, nous les avons autant que possible vérifiés :
ceux qui nous ont paru manquer de certitude ont été relé-
gués en note (1). — Lorsque nous avons été amené à prendre des exemples particuliers nous avons, en général choisi

---

1. C'est aussi dans le but de ne citer que des chiffres présentant
le plus de certitude possible que nous avons surtout raisonné sur
l'industrie minérale ou sur celle des chemins de fer.

ceux sur lesquels s'appuient, pour leurs démonstrations, des auteurs d'opinion contraire.

Enfin, je voudrais terminer par un devoir de reconnaissance.

En particulier, je voudrais témoigner ici de ma profonde gratitude à M. Gide, professeur à la Faculté de droit de Paris qui a bien voulu diriger ce travail, — à M. des Essarts, chef de la statistique à la Banque de France, qui m'a indiqué et fourni de nombreux et utiles renseignements. — à M. R. G. Lévy, mon ancien maître à l'Ecole des Sciences Politiques, dont l'obligeance et les conseils m'ont été d'un précieux secours, enfin à mon ami M. Emmanuel Vidal, directeur de la « Cote de la Bourse et de la Banque. »

Quant à tous ceux qui m'ont aidé, et que, faute de place, je ne puis citer ici, je leur adresse à tous un collectif remerciement.

CHAPITRE PREMIER

INTÉRÈT DE LA QUESTION

I

Les économistes nous montrent volontiers le capital se dépouillant, en ce dernier quart de siècle, de la plus grande partie de ses revenus, pour les attribuer au travail. C'est M. Delombre qui dans le « Temps » écrit : « La part du travail va en augmentant ; l'intérêt du capital s'abaisse, les salaires s'élèvent. L'accumulation de la richesse, due à l'effort des générations successives, aboutit à une rémunération de plus en plus large des masses laborieuses : c'est l'affranchissement graduel, pacifique du travail » (1). C'est M. P. Leroy-Beaulieu, qui consacre un livre entier (2) à nous

---

1. *Temps*, 19 juin 1892.
2. « *Essai sur la répartition des richesses et la tendance à une moindre inégalité des conditions* », 1 vol. chez Guillaumin, 3ᵉ éd.

Cahen   2

démontrer que la part des travailleurs dans l'accroissement général des richesses, est supérieure à celle de ses copartageants, que l'abaissement du taux de l'intérêt, des profits et des fermages, profite à l'élévation des salaires. Ce sont MM. Cheysson et Neymarck, qui mettent en présence, d'une part la baisse du taux de l'intérêt, de l'autre la hausse des salaires, et veulent établir entre ces deux phénomènes un lien principal (1). La question même a été soulevée au sein de la société d'économie politique (2) puis de la société de statistique de Paris (3) ; et dans les deux groupes, la très

---

1. Voir notamment : Cheysson : « *La crise du revenu et l'ère du travail* ». Conférence faite à Amiens, le 26 avril 1897, publiée dans la *Revue politique et parlementaire*, du 10 nov. 1897 et par le Comité de défense et de progrès social ». (Brochure n° 22). — « *Le rôle et le devoir du capital* ». (Brochure n° 5 des publications du « Comité de défense et de progrès social) ». — Son rapport sur la section XVI du groupe d'économie sociale, à l'exposition de 1889.

Neymarck. « *Communication à l'Académie des sciences morales et politiques, sur le morcellement des valeurs mobilières, et la part du travail et du capital* » publiée par le *Journal de statistique*, n°s de juillet-août 1896, et dans la *Revue politique et parlementaire* de juillet 1896.

2. *Bulletin de la Société d'économie politique* de février 1893.

3. *Bulletin de la Société de statistique*, numéros de juillet-août 1896 (communication Neymarck), de décembre 1896 (communication Coste), de juin 1897 (communication Juglar). Ces différentes communications ont été en général accompagnées de discussions intéressantes ; le compte rendu de la plus importante se trouve dans le *Bulletin de la Société de statistique de Paris*, année 1897, p. 110 et suivantes.

grande majorité des orateurs admit que depuis ving-cinq ans, la part du capital n'avait pas cessé de diminuer, et que c'était au salarié qu'avaient été les sommes dont le rentier s'était trouvé privé.

Ce sont là d'ailleurs les idées mêmes du chef de l'Economie politique classique, de Bastiat. Voici en effet ce qu'il dit dans ses « *Harmonies* » (1).

« Représentons les produits totaux de la société à des époques successives par les chiffres 1.000, 2.000, 3.000, 4.000, etc... Je dis que le prélèvement du capital descendra successivement de 50 o/o à 40, 35, 30 o/o, et celui du travail s'élèvera par conséquent de 50 o/o à 60, 65, 70 o/o. De telle sorte, néanmoins, que la part *absolue* du capital soit toujours plus grande à chaque période, bien que sa part *relative* soit plus petite.

« Ainsi le partage se fera de la manière suivante :

	Produit total	Part du capital	Part du travail
Première période . . .	1.000	500	500
Deuxième période. . .	2.000	800	1.200
Troisième période. . .	3.000	1.050	1.950
Quatrième période . .	4.000	1.200	2.800

Telle est la grande, admirable, consolante, nécessaire et inflexible loi du capital ».

Cette doctrine est si courante, qu'on la trouve dans un

---

1. Chapitre capital, page 206.

discours prononcé à la Chambre des députés (1) par M. Rouvier, alors ministre des finances. « D'où viennent, disait-il,
les revendications des masses populaires ? Quel est leur grief
initial ? C'est que la part faite au capital est trop forte, étant
donné ce qui revient au travailleur qui crée ce produit. Or
dans un pays où l'intérêt est à 3 o/o, ce reproche s'effondre
puisque la part du capital décroît tous les jours. N'est-ce
pas un bienfait social ? » Et dans une autre manifestation
officielle, dans son rapport pour la section I du groupe d'E-
conomie sociale (2) M. Lavollée écrit : « C'est la main-
d'œuvre, qui profite en même temps que le consommateur
de ce que prélève en moins le capital. La part du salaire
en est augmentée » (3).

Ainsi pour de nombreux économistes, il y aurait entre le

1. Séance du 23 mai 1892.
2. Rapport sur la section I du Groupe d'économie sociale.
Tome I, p. 61.
3. Il serait aussi fastidieux qu'inutile de poursuivre ces citations.
Pourtant, il est nécessaire de faire remarquer que l'on trouve chez
presque tous les économistes cette idée que la baisse du taux de
l'intérêt profite aux salaires, qu'il y a entre eux un lien principal.
Ainsi Ricardo en fait le fond même de sa doctrine : « La valeur entière des articles, dit-il, se partage en deux seules portions, dont
l'une constitue les profits du capital, tandis que l'autre est consacrée
aux salaires des ouvriers... Tout ce qui augmente les salaires réduit
les profits » (Ricardo, *Œuvres complètes*, pages 75, 82, 83 de l'édition Guillaumin).

On sait aussi quelle influence sur le salaire Thünen (*Der isolirte
Staat*, t. II) attribue au taux de l'intérêt.

capital et le travail une sorte d'association, et toute rémunération abandonnée par l'un, enrichirait l'autre. Ils en
concluent que la baisse du taux de l'intérêt si accentuée
depuis 25 ans, et qui a diminué considérablement la part
du capital, a dû, par contre-coup, élever à peu près d'autant celle du travail. Et comme ils croient que la situation
actuelle se prolongera indéfiniment, que l'intérêt se trouvera constamment réduit, ils en déduisent que le salaire de
l'ouvrier, la récompense du travail, ira toujours en s'augmentant, jusqu'au moment où chacun aura ce qui lui revient légitimement.

Il suffit donc de laisser aux forces naturelles leur libre
action, il suffit de laisser agir la loi de la baisse du taux de
l'intérêt, et sans effort, la situation de l'ouvrier s'améliorera
sans cesse (1), si bien qu'un moment viendra où les plaintes de la classe prolétaire s'arrêteront : la question sociale,
si elle ne sera pas résolue, perdra au moins de son
acuité (2).

---

1. « Si jamais le capital a pu exploiter le travail, il est obligé aujourd'hui de s'appuyer sur lui, et de lui faire une part de plus en
plus large ». Cheysson, *La Crise du revenu et la loi du travail*,
page 45.

2. C'est ainsi que M. Victor Bonnet, dans la *Revue des Deux
Mondes* du 15 octobre 1868 écrit au sujet de la baisse du taux de l'intérêt, dont on espérait, déjà à cette époque, voir sortir la paix entre
toutes les classes de la société : « Nous aimons mieux ce genre d'é-
mancipation que celui que rêvent les ouvriers dans leurs congrès
socialistes. Il a le mérite d'être conforme aux lois économiques et de
n'amener aucun bouleversement »

II

L'importance des faits que nous nous proposons d'étudier est donc à ce point de vue considérable ; en voici un autre aspect.

§ 1

Contrairement à ce que l'on affirme d'ordinaire, la baisse du taux de l'intérêt ne peut être qu'un phénomène passager, et portant en lui-même sa limite (1). Si la loi de sa décroissance progressive était en effet exacte, il arriverait un moment, où les capitaux rapporteraient si peu, que le rentier ne se soucierait plus de leur faire courir le moindre risque : l'argent se raréfiant alors sur le marché, le taux de l'intérêt se relèverait, et la part du capital augmenterait de nouveau.

Mais il semble même bien difficile d'admettre que la constante diminution du loyer de l'argent qui marque la

---

1. Les économistes classiques eux-mêmes n'admettent pas, en général, que l'intérêt pût devenir égal à zéro. C'est ainsi que M. Deschanel, dans son discours de Carmaux (publié dans la *Revue politique et parlementaire* du 19 juin 1897) redoute (page 41) cette suppression de l'intérêt, à la suite de laquelle « on ne se donnerait plus la peine de créer des capitaux » et « qui rendrait l'usure, d'autant plus intense qu'elle serait clandestine ».

Par contre, l'économiste anglais Foxwell admet très bien la gratuité du crédit, arrivant par l'abaissement constant du taux de l'intérêt.

période actuelle doive persister, et il n'est nullement certain que les causes qui l'ont déterminée continueront longtemps encore à agir.

Ces causes d'après M. Leroy-Beaulieu, seraient au nombre de trois :

1° L'abondance de numéraire, des métaux précieux, due tant à l'épargne, sous toutes ses formes qu'à la découverte de mines d'or.

2° La moindre productivité des capitaux, venant de ce que leurs emplois possibles, doivent devenir tous les jours plus rares et moins rémunérateurs (1).

3° La diminution des risques par une justice meilleure, une sécurité intérieure et internationale plus grande, des mœurs plus honnêtes et plus policées.

Sans nier la valeur de ces trois raisons, elles ne paraissent pourtant pas suffisantes, pour permettre d'en déduire une loi de décroissance progressive du taux de l'intérêt.

Ainsi, en admettant que les terrains contenant des gisements aurifères soient illimités et que l'abaissement du taux de l'intérêt ne vienne pas ralentir l'épargne, il en résulterait sans doute une diminution du loyer de l'argent, par suite de l'abondance du stock de numéraire ; mais, par contre, cette accumulation de richesses, de métal monnayé,

---

1. Nous avons déjà fait observer, page 14, qu'il y a ici une confusion entre l'intérêt et le profit : si l'emploi des capitaux devient moins rémunérateur, c'est le profit et non l'intérêt qui s'en trouvera diminué.

aurait pour effet de faire hausser tous les prix, de sorte que, pour une même entreprise, il faudrait plus de capitaux, et le revenu total qu'ils exigeraient ne serait probablement pas inférieur à ce qu'il est aujourd'hui : ce ne serait pas en réalité le taux de l'intérêt qui aurait baissé, ce serait seulement le pouvoir d'acquisition de l'argent, du métal prêté, qui aurait diminué.

Bien plus, et quoi qu'en pense M. P. Leroy-Beaulieu, la demande du capital ne doit pas tarder à en surpasser l'offre. Il n'est pas vrai de dire, en effet, que les emplois rémunérateurs de capitaux vont en se raréfiant : cette affirmation ne serait exacte, que si la science était arrivée à son dernier degré de perfectionnement, si la terre entière était parvenue au plus haut point de civilisation, si l'homme ne devait plus avoir de besoins.

Mais la situation n'est pas telle. A chaque instant l'industrie réclame des capitaux ; à l'heure actuelle même, une transformation considérable est en train de s'accomplir par la substitution de l'électricité comme agent moteur ; de vastes pays ont besoin d'argent pour féconder leur sol, ou développer leur commerce, et nos besoins enfin ne s'arrêteront jamais : un désir satisfait, un autre naît : c'est une des formes du *nemo contentus sua sorte*.

Quant aux risques, rien ne prouve qu'ils seront moindres ; il est exact que les « risques généraux provenant de l'incertitude des lois, de l'arbitraire de la justice, des fréquents désordres matériels tendent à s'atténuer » (1), mais

---

1. Leroy-Beaulieu. *Précis d'économie politique*, page 150.

l'audace de l'homme crée de nouveaux périls : il tente, et tentera de plus en plus, à mesure que la civilisation progressera, des entreprises qui paraissaient à peu près impossibles et, s'il échoue, c'est la ruine pour les bailleurs de fonds. L'étendue du marché, d'autre part, qui multiplie la concurrence, la mobilité des goûts en même temps que la rapidité des progrès qui augmentent l'aléa de toute tentative, accroissent encore les dangers, et comme ce sont là des phénomènes qui ne pourront que se développer avec le temps, les périls qu'ils font courir aux capitalistes, ne cesseront pas, eux non plus, de s'aggraver. Qu'on compare les risques auxquels était exposé l'argent prêté au denier 20 (5 o/o) par un bourgeois d'Henri IV à un tisserand, et ceux qu menacent aujourd'hui celui qui fournit des capitaux à une filature, à la merci d'un acte quelconque supprimant nos lois de protection de 1892!

Il est aisé de prouver que les dangers courus par les capitalistes n'ont pas diminué : le nombre des faillites en effet n'a pas cessé de s'élever; il est passé de 2.210 en 1850 à 17.772 en 1894 (1). Il y a donc eu une quantité toujours plus considérable de capitaux d'engloutis, de perdus par ceux qui les avaient risqués, sans que ces derniers puissent exiger la moindre compensation.

---

1. De Foville « la *France économique* », page 260 et Block « *Annuaire statistique*». Année 1898, page 335. Il est certain aussi que le nombre des commerçants et industriels s'est accru notablement pendant cette période, mais pas dans la proportion de 1 à 8.

L'histoire est là, d'ailleurs, pour nous montrer que le phénomène de la baisse du taux de l'intérêt a toujours été passager. Ainsi en Hollande, au xviie siècle le taux de l'intérêt fut moins élevé qu'il ne l'est aujourd'hui (1). De même, en Angleterre, d'après une communication de M. Juglar à la Société d'économie politique (2) le 3 o/o anglais aurait été coté à 107 en 1737 (soit 2,80 o/o). En France même, Law ne prêtait-il pas au taux de 2 et 3 o/o (3)?

Enfin, si on étudie la marche du taux de l'intérêt depuis cinquante ans, et qu'on veuille tracer la courbe des résultats obtenus, on obtiendra une ligne extrêmement sinueuse (4). Il n'y a donc pas une force constante qui a poussé sans relâche le taux de l'intérêt à s'abaisser ; et nous

---

1. Voir William Temple. « *Observations sur les provinces unies des Pays-Bas* » (1672).

2. Société d'économie politique. Séance du 5 janvier 1899, dont le compte-rendu le plus complet a été publié dans la « *Cote de la Bourse et la Banque* ». Année 1899, n° 12.

3. Dans cette même séance de la Société d'économie politique, M. Thiery-Mieg, indique plusieurs époques, où le taux de l'intérêt fut au moins aussi bas qu'il l'est aujourd'hui ; c'est ainsi qu'il nous raconte qu'un associé de ses ancêtres déposa en 1624 à la banque nationale de Venise (la Zecca) dix millions, au taux de 3 o/o, or le dépôt resta presque deux siècles, bien que pouvant être retiré à vue, ce qui prouve qu'on jugeait le taux d'intérêt suffisamment rémunérateur.

D'après le même orateur, l'intérêt à Mulhouse, variait, au siècle dernier de 4 à 4 1/2 o/o ; à Bâle, il était à cette époque de 3 1/2 o/o, alors qu'il varie aujourd'hui entre 4 1/2 et 5 1/2 o/o.

4. « Ce mouvement de baisse, dit M. Leroy-Beaulieu, dans l'*Economiste français* du 28 janvier 1899, était déjà sensible à la fin du

ne nous trouvons pas en présence d'une loi sociale, mais seulement d'un événement historique, dépendant d'un certain nombre de causes extérieures, variables, mais ne se présentant, à aucun degré, avec un caractère de nécessité.

En résumé, il est bien difficile d'affirmer que la baisse du taux de l'intérêt se poursuivra indéfiniment : il semble même certain, au contraire, qu'elle doive s'arrêter un jour et un jour proche peut-être (1).

---

second empire, dans les années 1869 et 1870. La guerre de 1870-71, avec ses énormes destructions de capitaux, et la nécessité de réparer les brèches faites à l'outillage public, interrompit la baisse de l'intérêt, et même releva énergiquement, pendant deux ou trois ans le taux de la rémunération des capitaux. Puis vers 1873 ou 1874 la baisse du taux de l'intérêt reprit son train d'un pas accéléré... Elle fut de nouveau interrompue à deux reprises... une première fois lors du krach de 1882, une seconde fois en 1889-90, en présence de la catastrophe de Panama et de l'écroulement de la plus grande maison de banque du monde, la maison Baring...................

« Mais après chacune de ces interruptions le taux de l'intérêt s'est remis à fléchir et à descendre à un niveau plus bas qu'auparavant, si bien que, en prenant pour point de départ l'année 1874 ou l'année 1850 on constate que *non pas en ligne droite, il est vrai, mais en ligne brisée*, le taux de l'intérêt est considérablement descendu... »

1. Déjà, le taux de l'intérêt parait avoir une légère tendance à se relever : le mouvement est surtout sensible en Allemagne. Voici par

§ 2

Mais alors, la hausse des salaires, dont une des principales sources d'accroissement sera ainsi tarie, subira-t-elle, par contre-coup, un arrêt ou un recul ? Cela paraît impossible.

La rémunération de l'ouvrier peut, en effet, se ramener à différents éléments. D'abord, la part strictement nécessaire à l'existence, ensuite des sortes de plus-values, provenant soit de l'augmentation de productivité du travail, soit de la plus ou moins grande concurrence que se fait à elle-même la main-d'œuvre, soit enfin de la libéralité du patron. Or, il semble bien que ces divers éléments exigeront tous les jours un revenu plus considérable.

Le nombre et la quantité de ces choses indispensables doivent, en premier lieu, se multiplier assez rapidement. L'ouvrier d'aujourd'hui, qui, dans tous les pays, a obligatoirement passé quelques années à l'école, et dont l'intelligence est devenue par cela même plus ouverte, ne saurait

---

exemple le taux officiel pour ces dernières années, des intérêts versés par la Banque d'Allemagne à ses déposants :

1887....	3,25		1893....	4,06
1888....	3,25		1894....	3,14
1889....	3,09		1895....	3,13
1890....	3,78		1896....	3,65
1891....	3,78		1897....	3,80
1892....	3,17			

se contenter de la seule satisfaction de ses appétits matériels : le *standard of life* comprend maintenant le bien-être,
et plus on avancera, et plus le prolétaire, mieux instruit,
aura de besoins essentiels, et, par conséquent, plus son
salaire devra s'élever.

Quant à l'augmentation de productivité de son travail, il
est probable qu'elle se poursuivra dans l'avenir, comme
elle s'est produite dans le passé où elle est indéniable :
ainsi, pour ne prendre nos exemples qu'en France (1), les
3.003.000 tonnes de combustibles minéraux produits en
1840, l'étaient par 27.000 ouvriers, ce qui fait un coefficient
de travail de $\frac{3.003.000}{27.000} = 111,22$, alors qu'en 1892, 133.000
ouvriers ont produit 26.179.000 tonnes, soit un coefficient
de travail de 196,83 (2).

Les ouvriers, d'autre part, commencent à s'apercevoir
qu'ils n'ont rien à gagner à se faire entre eux une concurrence acharnée : au lieu de s'épuiser à lutter les uns contre
les autres, ils se groupent par métiers, fondent des syndicats pour résister à la puissance patronale, et sauvegarder
leurs droits par tous les moyens.

---

1. Voir pour l'Amérique. Levasseur : « *L'ouvrier américain* »,
page 602 et suiv.

2. Ces chiffres sont empruntés à l'enquête citée de l'*Office du
Travail*, tome IV, appendice, dernier tableau.

De même, aux cristalleries de Baccarat, par exemple, le nombre
des ouvriers n'a pas augmenté, bien que la production se fût déve-
loppée.

De leur côté, les patrons sentent qu'il est de leur intérêt de se montrer généreux vis-à-vis de leur personnel, de leur devoir d'améliorer son sort dans la mesure du possible. Le progrès des idées morales a produit ce résultat, qu'on n'estime plus aujourd'hui le travail comme une marchandise quelconque, dont le prix serait invariablement fixé par la loi de l'offre et de la demande, que l'exploitant ne se considère plus comme complètement libéré vis-à-vis de l'ouvrier quand il lui a versé son salaire. Il s'inquiète de lui, même en dehors de l'usine : il fonde des caisses de secours et de retraites pour lui donner du pain dans les jours de chômage ou de maladie, ou lorsque l'âge l'obligera au repos. Il s'immisce dans la vie intime du salarié, et tandis qu'autrefois ce dernier devait, une fois sa « paye reçue » s'organiser comme il pouvait, aujourd'hui le patron consent à des sacrifices, pour que son logement, son genre d'existence, soit le plus agréable, et le plus honorable possible. Et ces institutions ne pourront que se multiplier à l'avenir, car de plus en plus, les patrons, par crainte, ou par bonté naturelle, chercheront à répandre le bien-être dans ces masses, qui, instruites de leurs droits, et disposant de plus de temps pour les défendre, réclameront avec une force toujours grandissante, un peu plus de confortable et de bonheur (1).

---

1. La loi même commence à obliger les exploitants à multiplier ces institutions, aussi bien en France qu'à l'étranger. C'est ainsi que, chez nous la loi du 29 juin 1894 a rendu obligatoire la création de caisses de secours et de retraites pour les ouvriers mineurs,

D'ailleurs, historiquement, et en dépit de toutes les crises qu'a pu subir l'industrie, le salaire, d'après les enquêtes de l'Office du travail, n'a pas cessé de s'élever régulièrement (1) et la courbe qui en représente les variations pendant ces quarante dernières années est une ligne droite ascendante (2). Qu'est-ce à dire sinon qu'il y a là un fait social, presqu'indépendant des circonstances extérieures, et qui se reproduira sans doute dans l'avenir comme il s'est produit dans le passé.

---

et que la loi du 10 avril 1898 a implicitement déclaré, pour un assez grand nombre d'industries, l'assurance obligatoire.

En Allemagne la première loi sur l'assurance obligatoire date de 1883 (assurance contre la maladie) ; depuis, en 1884 et en 1889 de nouvelles lois ont institué les assurances contre les accidents, l'invalidité et la vieillesse.

En Angleterre une loi toute récente du 6 août 1897 vient de modifier dans un sens favorable à l'ouvrier la législation sur les accidents du travail.

En Autriche l'assurance obligatoire existe, bien que moins étendue qu'en Allemagne. Enfin la question est soulevée devant de nombreux parlements, notamment en Suisse et en Italie.

1. Il est vrai que le salaire du moyen âge, d'après les constatations de M. Avenel. (*Revue des Deux-Mondes* du 1er octobre 1896) aurait été supérieur, ou au moins égal à ce qu'il est aujourd'hui. Mais cela paraît tenir à l'organisation tout à fait spéciale du travail à cette époque, organisation très voisine de la participation aux bénéfices, et où l'ouvrier, n'était pas, comme il l'est à l'heure actuelle, abandonné à ses seules forces.

2. *Office du Travail*. Enquête citée. Album graphique. Tableau 28.

Donc, s'il est peu exact d'affirmer que l'intérêt continuera toujours à décroître, tout au contraire, fait supposer que les salaires devront toujours aller en augmentant. Qu'arriverait-il dès lors, avec les théories que nous avons exposées, le jour où la baisse du taux de l'intérêt s'arrêterait ? A ce moment le patron ne pourrait plus satisfaire aux exigences des travailleurs : au contraire, il serait obligé de lésiner sur leur part, afin d'accorder au capital une rémunération plus forte, et, de leur côté, les salariés se refuseraient à renoncer à la plus petite parcelle de leur bien-être : ce serait, par suite, le conflit, peut-être même la Révolution.

III

Enfin, il y a un certain danger moral à laisser s'accréditer la théorie qui affirme que la part du capital ne cesse de diminuer au profit de celle du travail. Si cette doctrine est en effet inexacte, il est peu digne, de la part de la classe dirigeante plus instruite, de la répandre, de l'enseigner aux ouvriers ; elle peut aussi paralyser les efforts des patrons bienveillants, qui songeraient volontiers, peut-être, à améliorer le sort des personnes qu'ils emploient, si on ne leur avait répété que les forces naturelles qui régissent la société devaient se charger de ce soin, en restreignant la part du capital au profit de celle des travailleurs.

Voilà certes assez de raisons pour justifier cette étude.

CHAPITRE II

Mais avant d'aborder le fond même de la question, il est nécessaire d'examiner rapidement les deux points suivants:

1° A quelles règles obéissent les deux faits que nous nous proposons d'étudier, sont-ils tous deux soumis à la loi de l'offre et de la demande?

2° Dans quelle mesure les deux mouvements contraires de hausse et de baisse se sont-ils produits?

I

En ce qui concerne le taux de l'intérêt, il est certain que le prix de location du capital, comme tout autre prix, est surtout fixé par la plus ou moins grande abondance de la marchandise, c'est-à-dire du numéraire, sur le marché.

Bien plus complexes sont les causes qui agissent sur le

Cahen   3

salaire. Trois grandes théories principales ont été proposées (1).

1° Celle qui fonde uniquement le salaire sur la loi de l'offre et de la demande (théorie de Lassalle) et qui arrive à

---

1. Voici, à titre d'indication, comment s'expriment les différents auteurs de ces théories :

Dans son « *Offnes Artwortschreiben an das central Comité* » (Zurich 1863) Lassalle, page 15, expose sa loi d'airain sous la forme suivante :

« La loi d'airain qui, avec le régime de l'offre et de la demande, règle les salaires, se traduit ainsi : Le salaire moyen ne dépasse jamais ce qui est indispensable, d'après les coutumes du pays, à l'existence de l'ouvrier et à la perpétuation de la race ; c'est autour de ce niveau qu'oscille le salaire, sans jamais s'élever ou s'abaisser longtemps au-dessus ou au-dessous ».

Ces idées d'ailleurs se trouvaient déjà dans Turgot (page 10 des extraits publiés chez Guillaumin).

La théorie du *Wage-fund* se trouve ainsi exposée par Mill dans ses *Principes*. L. II, ch. 11 :

« Le salaire dépend surtout de l'offre et de la demande, ou, selon une expression courante, du rapport entre la population et le capital... Les salaires ne peuvent s'élever que par suite de l'accroissement de l'ensemble des fonds qui servent à payer les ouvriers, ou par la diminution du nombre des salariés, et ils ne peuvent au contraire s'abaisser que par suite de la diminution du fonds destiné au paiement des salaires ou de l'augmentation du nombre des ouvriers ».

Enfin Thünen, et plus récemment F. Walker ont enseigné que le salaire était réglé par la productivité du travail ; l'école classique, en France, s'est ralliée à cette opinion : « La cause qui influe le plus sur le salaire est la productivité du travail de l'ouvrier » dit M. Leroy-Beaulieu dans son *Précis*, page 174.

cette conclusion, que l'ouvrier doit toujours voir sa part réduite au strict minimum.

2⁰ Celle qui enseigne qu'il y a une certaine somme attribuée à tous les prolétaires (Wage-fund), de sorte que le salaire ne peut augmenter que si la masse à partager augmente, ou si le nombre des travailleurs diminue.

3⁰ Enfin l'Ecole optimiste fait dépendre le taux du salaire de la productivité au travail de l'ouvrier.

Ces théories ont le tort d'être trop absolues. Il est évident qu'on ne saurait traiter le travail, c'est-à-dire, l'intelligence et la force d'un homme comme une marchandise quelconque; il est tout aussi dangereux de faire croire que l'ouvrier profite seul de toute l'augmentation de la productivité de son travail, la part de ses autres collaborateurs restant fixe ou décroissante. Dans la réalité, ces différents éléments agissent tous concurremment : malheureusement, c'est surtout la loi de l'offre et de la demande qui paraît jouer le rôle principal, et comme la classe ouvrière se multiplie très rapidement, comme l'offre de main d'œuvre augmente plus vite que la demande, il est à craindre que le salarié ne se trouve sacrifié, obligé d'accepter toutes les conditions qu'on lui imposera.

II

§ 1

Pour déterminer la quotité de la baisse du taux de l'intérêt, il faut tout d'abord considérer les fonds d'Etat. « La

rente, dit en effet M. Rouvier (1), est le régulateur de toutes choses. Quand elle arrive à ne plus rapporter que 3 o/o,
le taux du loyer de l'argent est par là même dominé, réglé ». Ce sont ces valeurs qui servent de « baromètre » à la
Bourse, en même temps que de régulateur au taux de l'intérêt, et l'étude de leurs variations depuis un demi-siècle
nous donnera déjà, au moins une indication, sur les fluctuations du taux de l'intérêt, pendant la période considérée.

Voici donc les cours de la rente française 3 o/o et les
taux d'intérêt depuis 1835 (2).

Années	Cours le plus haut	Cours le plus bas	Cours moyen	Taux de l'intérêt
1835-1845	86 65	65 90	76 27	3 95
1846-1854	86 »	32 50	59 25	5 02
1855-1864	75 45	60 50	67 97	4 41
1865-1875	75 10	50 35	62 72	4 80
1876-1884	87 30	65 »	76 15	3 95
1885-1897	104 50	76 »	90 25	3 33
1898			102 50	2 92

1. Rouvier. Discours cité à la Chambre des députés.
2. Il s'agit évidemment ici de la rente 3 o/o émise en 1825. On
comprend aisément les avantages qu'il y a, à suivre les variations
d'une même valeur, au lieu de considérer différentes émissions, où

Ainsi entre le taux de capitalisation le plus élevé (5 francs
02) et celui d'aujourd'hui, nous ne trouvons qu'une baisse
de 2 francs 10, c'est-à-dire inférieure à 50 o/o ; et encore
ce taux de 5 francs 02 n'est-il atteint que dans une période
de troubles marquée par deux révolutions, et par deux
coups d'État. En considérant des périodes normales, 1835-
1845 ou 1855-1864 par exemple, la différence n'est plus que
de 1 franc 03 et 1 franc 49, soit des diminutions de 26 o/o
et 33,85 o/o, 30 o/o environ en moyenne.

Si après les fonds d'Etat, nous prenons des valeurs dont
le revenu est garanti par le gouvernement, comme les
actions des grandes compagnies de chemin de fer, la baisse
moyenne du taux de l'intérêt est plus considérable : elle
atteint environ 40 o/o, en 30 années (1).

TABLEAU

---

les hausses et les baisses ont pu être déterminées par des causes tout
à fait extérieures.

Nous avons emprunté la plupart des chiffres de ce tableau au
Journal de la Société de statistique de Paris. Année 1897, p. 116.

1. Nous ne remontons qu'à 1868, parce que ce n'est guère qu'à ce
moment, que les conventions de 1859, vieilles déjà de dix ans, commencent à produire leur plein effet.

Noms des Compagnies	1868 Cours des actions	Dividendes	1878 Cours des actions	Dividendes	1888 Cours des actions	Dividendes	1897 Cours des actions	Dividendes	Taux d'intérêt en 1868	1878	1888	1897
	fr.	fr.	fr.	fr.	fr.	fr.	fr.	fr.	fr.	fr.	fr.	fr.
Est........	555 41	33 »	668 90	33 »	789 »	35 50	1.053 »	35 50	5 60	4 93	4 49	3 37
Midi.......	582 76	40 »	822 07	40 »	1.164 »	50 »	1.375 14	50 »	6 86	4 84	4 29	3 78
Nord......	1.183 17	61 »	1.360 51	68 »	1.568 »	64 »	1.944 »	64 »	5 15	4 99	4 09	3 80
Orléans...	890 37	56 »	1.149 03	56 »	1.328 »	57 50	1.764 »	58 50	6 30	5 74	4 32	3 31
Ouest.....	568 07	35 »	738 40	35 »	902 91	38 »	1.165 85	38 50	6 46	4 78	4 20	3 30
P.-L.-M....	974 77	60 »	1.443 »	55 »	1.271 »	55 »	1.757 »	56 »	6 15	4 81	4 34	3 48
Total....	4.754 55	285 »	5.882 »	287 »	7.022 91	300 »	9.058 99	302 50	5 99	4 89	4 27	3 33

Pour les obligations de ces mêmes compagnies de chemin de fer, d'après le tableau XVI de l'appendice (1), le taux moyen d'intérêt a décru entre 1859 et 1897 de 40 o/o (il est descendu de 5 francs 23 à 3 francs 09).

En réunissant ces différents chiffres nous aurons une notion assez précise de la baisse du taux de l'intérêt depuis 40 ans, puisque ce sont là les valeurs qui dominent tout le marché.

Années	Taux d'intérêt du 3 0/0 Français	Taux d'intérêt des actions de chemin de fer	Taux d'intérêt des obligations de chemin de fer	Taux moyen d'intérêt
1860-1868	4 80	5 99	5 23	5 34
1897	2 92	3 33	3 09	3 11

Autrement dit, en ne considérant que les placements réputés de tout repos, on constate, pendant ces 35 dernières années (2) un abaissement du taux de l'intérêt de 41 o/o.

---

1. Voir, page 143.
2. M. Leroy-Beaulieu dans l'*Economiste Français* du 28 janvier 1899 fait remonter le point de départ du mouvement de baisse du taux de l'intérêt à 1859 : il semble pourtant que le coup d'Etat de 1852, les proscriptions et l'état de malaise qui l'ont suivi, aient dû faire hausser le prix du loyer de l'argent, et en fait, le cours des fonds d'Etat baissa après 1852.

La date de 1860-1865, époque de pleine prospérité paraît préférable.

Cet abaissement serait bien moindre, si l'on ne prenait que les valeurs industrielles. D'après le tableau XVII de l'appendice (1), les obligations industrielles auraient en moyenne rapporté 4 francs 02 o/o en 1897; or, en admettant que le taux ait été de 6 o/o au milieu de ce siècle (2) cela ne ferait qu'une diminution de 33 o/o.

En résumé donc la baisse du taux de l'intérêt depuis un demi-siècle a dû être comprise entre 30 et 40 o/o.

§ 2

Nous arrivons au même résultat, en comparant par une autre méthode, les taux d'intérêt, il y a un demi-siècle, et aujourd'hui.

Nous pouvons en effet établir avec assez de certitude le taux d'intérêt moyen en 1897 : le tableau ci-après le fait ressortir à 3 francs 44.

TABLEAU

---

1. Voir *Appendice*, pages 144 et suivantes.
2. Ce taux n'est pas choisi arbitrairement, c'est celui fixé, en matière commerciale, par la loi de 1807.

Désignation des valeurs	Cours en 1897	Intérêts rapportés	Taux moyen d'intérêt en 1897
	fr.	fr.	
3 0/0 Français.................	102 50	3 »	
Actions diverses (Tableau 9 de l'Appendice)........	220.577 05	7.429 14	3 44
Obligations de chemin de fer (Tableaux 10 à 16)................	10.515 22	335 »	
Obligations diverses (Tableau 17).	38.268 55	1.542 »	
Total......................	269.463 32	9.309 14	

Or, si on veut bien se rappeler que le taux le plus élevé atteint par le 3 o/o français a été de 5 francs 02 o/o (1), et si on admet que les valeurs industrielles rapportaient 6 o/o, il y a un demi-siècle, on pourra supposer, avec assez de vraisemblance, que le taux moyen d'intérêt, il y a une quarantaine d'années, devait être de 5 francs 75 o/o : il aurait donc diminué d'environ 40 o/o.

§ 3

En Angleterre la différence du taux d'intérêt n'est guère supérieure à 25 o/o, elle n'est même que de 24 o/o pour les

---

1. Voir page 36.

fonds d'Etat, entre 1840 et 1893 : voici d'ailleurs les cours
et le taux d'intérêt des consolidés anglais dans la dernière
moitié de ce siècle (1).

Années	Cours moyen	Taux d'intérêt
1840	89 3/8	3 37
1845	96 1/4	3 11
1850	96 5/8	3 10
1855	90	3 33
1860	94 1/2	3 16
1865	89 1/2	3 35
1870	92 1/2	3 24
1875	93 3/4	3 20
1880	98 3/8	3 04
1885	99 1/3	3 01
1886 et 1887	100 4/5	2 97
1888 l'intérêt est réduit à 2 1/2 0/0	97 11/16	2 81
1889	98	2 80
1890	96 1/3	2 86
1891	95 3/4	2 87
1892	96 11/16	2 84
1893	98 3/8	2 56

En Russie, la baisse du taux de l'intérêt atteindrait 36 o/o
d'après une communication de M. Neymarck à la société
de statistique (2), dont nous extrayons les chiffres suivants :

---

1. Les cours moyens par année sont extraits du *Bulletin de statistique du Ministère des Finances*. Année 1894, 1er semestre,
p. 551.
2. *Journal de la Société de statistique de Paris*. Année 1897,
page 116.

Années	Cours moyen	Taux d'intérêt
	Rente 5 0/0	
1862	90	5 55
1870	80	6 25
1873	93	5 37
1877	79 60	6 28
1878	93	5 37
1879	90 12	5 54
1881	92 25	5 42
1884	90 25	5 54
	Rente 3 0/0	
1896	92 50	3 24

D'ailleurs d'après la très intéressante et très précise étude de M. des Essarts, sur les dépôts de titres à la Banque de France (1), la baisse générale du taux de l'intérêt, tant des valeurs d'Etat, françaises ou étrangères, que des valeurs industrielles, aurait été entre 1857 (2) et 1896 de 30 o/o, et même seulement de 27 o/o en prenant les moyennes des cinq premières et des cinq dernières années de la période considérée.

Dans le tableau qui suit, nous avons résumé les principaux chiffres de cette étude, mais nous avons modifié la colonne *taux d'intérêt*, d'après les indications qu'a bien voulu nous donner M. des Essarts lui-même (3).

---

1. *Les dépôts de titres à la Banque de France..* Une broch. chez Berger-Levrault, 1897.

2. Nous choisissons cette date de 1857, parce que ce n'est guère qu'à ce moment que le service du dépôt des titres fonctionne régulièrement.

3. Sur les conseils de M. des Essarts, et pour les motifs qu'on

Années	Valeurs des titres déposés (en millions de francs) (1)	Arrérages encaissés (en millions de francs)	Taux moyen d'intérêt (2)
1857	639 1	33 7	4 77
1858	707 6	32 3	4 79
1859	794 2	32 9	4 39
1860	801 4	38 6	4 83
1861	884 5	43 9	5 20
1862	1.005 8	46 6	4 93
1863	1.076 7	52 3	4 99
1864	1.344 1	73 9	5 60
1865	1.338 2	75 9	5 64
1866	1.356 2	72 6	5 38
1867	1.424 1	73 4	5 28
1868	1.470 2	71 6	4 94
1869	1.525 2	71 8	4 79
1870	987 6	67 »	5 33
1871	937 5	47 8	4 96
1872	962 »	49 5	5 21
1873	1.088 9	51 5	5 02
1874	1.269 1	53 2	4 51
1875	1.456 3	56 8	4 16
1876	1.480 »	58 2	3 96
1877	1.481 2	56 6	3 82
1878	1.624 6	56 8	3 65
1879	1.760 1	60 5	3 57
1880	1.900 2	61 9	3 92
1881	1.968 2	65 4	3 38
1882	2.037 5	77 3	3 85
1883	2.186 2	84 4	3 99
1884	2.394 4	89 8	3 92
1885	2.538 3	95 1	3 85
1886	2.603 5	98 2	3 81
1887	2.652 9	99 1	3 77
1888	2.708 5	101 8	3 79
1889	3.990 9	107 »	3 75
1890	3.263 2	115 8	3 73
1891	3.366 1	122 2	3 68
1892	3.487 »	126 5	3 69
1893	3.507 9	127 4	3 64
1894	3.575 2	121 1	3 41
1895	3.859 7	123 8	3 33
1896	4.207 2	135 8	3 30

1. Les dépôts faits à Paris et dans les succursales (à partir de 1863) ont été confondus en un seul chiffre.

2. Voir la note 3 de la page précédente.

De l'ensemble de ces statistiques, il résulte que la baisse du taux de l'intérêt, au moins en France, est comprise entre 3o et 4o o/o au maximum : nous adopterons comme chiffre la moyenne de 35 o/o (1).

III

§ 1

La hausse des salaires, paraît, elle, avoir été plus accentuée. Si on considère par exemple le prix de la journée de travail dans les diverses séries de la ville de Paris, on voit

---

trouvera dans sa brochure, page 6, nous avons calculé le taux d'intérêt en comparant aux arrérages la moyenne du capital considéré et de celui de l'année précédente.

1. Ces résultats ne peuvent évidemment avoir qu'une valeur approximative : nous négligeons, en effet, complètement les revenus immobiliers. En les comprenant, nous aurions une baisse d'intérêt notablement inférieure ; dans les villes, en effet, les maisons rapportent plutôt davantage qu'autrefois ; quant aux terres, la diminution de leur rendement provient surtout de la crise agricole que nous traversons en ce moment. D'ailleurs, entre 1879 et 1892, la baisse du revenu n'a été que de 11,15 o/o alors que de 1851 à 1879 il y avait eu une hausse de 38,9 o/o, de sorte qu'en réalité il y a eu, pendant ces quarante dernières années, une hausse supérieure à 15 o/o.

que tous les salaires ont suivi une marche ascendante assez rapide, et que leur taux moyen a doublé entre 1842 et 1882. Voici d'ailleurs les tarifs admis à Paris (Séries Morel et de la ville de Paris).

| Professions. | 1842 | 1852 | 1862 | 1873 | 1880 | 1882 | |
						Ville	Architect.
	fr.	fr.	fr.	fr.	fr.	fr.	fr.
Terrassier.........	2 75	2 75	4 »	4 »	5 50	6 »	5 50
Maçon...........	4 15	4 25	5 25	5 50	7 50	8 »	7 50
Garçon maçon....	2 45	2 60	3 35	3 50	5 »	5 »	5 »
Tailleur de pierres.	4 20	4 25	5 50	5 50	7 50	8 50	7 50
Ravaleur.........	4 75	5 »	7 »	7 50	10 »	12 »	10 »
Charpentier......	4 »	5 »	6 »	6 »	8 »	9 »	8 »
Couvreur.........	5 »	5 75	6 »	6 25	7 50	8 »	7 50
Garçon couvreur..	3 50	3 75	4 »	4 25	5 »	5 »	5 »
Ajusteur tourneur.	4 »	4 »	4 60	5 25	6 50	7 50	7 25
Menuisier.........	3 25	3 50	4 50	5 »	7 »	8 »	7 »
Serrurier.........	3 25	3 35	4 »	5 »	6 50	7 50	7 25
Homme de peine.	2 25	2 25	3 50	4 »	5 »	6 »	5 25
						7 54	6 90
Moyenne........	3 63	3 87	4 80	5 14	6 75	7 22	

Dans les mines (où les salaires sont aussi très exactement conus) la rémunération de l'ouvrier se seràit élevée de 114 o/o entre 1844 et 1894, d'après les chiffres suivants, empruntés à l'enquête de l'Office du travail (1).

1. *Office du travail. Op. cit.*, tome IV, page 275.

Années	Combustibles minéraux (salaires annuels)	Mines de fer et minières (salaires annuels)	Mines métalliques diverses (salaires annuels)
	fr.	fr.	fr.
1844	551		
1854	687	377	378
1864	750	604	526
1874	1.051	843	757
1884	1.072	971	730
1894	1.481	943	1.021
1895	1.161	1.073	936

Nous pourrions multiplier les tableaux, en prenant en France, chaque industrie (1) et chaque contrée ; mais cette question ayant été à peu près complètement élucidée par l'Office du travail, avec des moyens d'investigation plus complets que ceux dont nous pouvons disposer, nous admettrons les chiffres que son enquête a fait ressortir. D'après les tableaux XL et XLI (2) le salaire moyen est passé entre les deux enquêtes de 1840 et de 1890 :

---

1. A l'exposition d'Économie sociale de 1889, la plupart des exposants ont donné des indications sur les salaires distribués par eux à différentes époques ; souvent des comités départementaux ont aussi tracé la marche des salaires dans leurs régions (notamment les comités du Rhône, de Reims, etc...) Ces différents documents pourront être consultés soit au Musée social, soit dans les différents rapports du groupe d'Économie sociale.

2. *Office du travail*. Enquête citée, tome IV, pages 266 et 267.

à Paris de 3 francs 5o à 6 francs 15 ;

en province de 2 francs 07 à 4 francs.

L'augmentation moyenne est donc de 82 o/o environ (1).

§ 2

Le mouvement de hausse des salaires, comme celui de baisse du taux de l'intérêt n'est pas particulier à la France. A titre d'indication, en voici la marche dans les principaux pays.

1° En Allemagne, la rétribution annuelle des ouvriers employés dans les mines de l'Etat est passée de 744 marks en 1869 à 870 en 1885. Celle des tourneurs de Saxe de 1217 marks à 1567 marks (2). D'autre part, dans son rapport sur les conditions du travail, M. Herbette, ambassadeur à

---

1. Il est pourtant des industries, où la rénumération de l'ouvrier a diminué, bien que la production, et la consommation aient augmenté : tel est le cas par exemple de l'industrie sucrière, où les salaires ont suivi les variations suivantes depuis 1882 (*Bulletin de l'Office du travail*, du mois de janvier 1896, page 18).

Années	Salaire moyen par jour	Années	Salaire moyen par jour
1882	3,97	1889	3,69
1883	3,91	1890	3,65
1884	4,05	1891	3,66
1885	3,90	1892	3,72
1886	3,72	1893	3,66
1887	3,68	1894	3,71
1888	3,70	1895	3,71

2. Block. *L'Europe sociale*, page 32.

Berlin, dit textuellement (sans appuyer son assertion par aucun chiffre) « que la hausse générale est assez forte » (page 34).

2° En Angleterre, M. Leone Levy, qui s'est surtout consacré à l'étude des salaires dans la Grande-Bretagne, trouve, en se basant sur les résultats fournis par l'income-taxe, une augmentation de 12,75 o/o pour la période 1857-1884 (1). Le *Bulletin de statistique du ministère des Finances*. (Français) a également publié en 1889 (2) quelques articles, concernant le mouvement des salaires dans les principales industries anglaises, dont nous tirons le tableau suivant :

Nature du travail.	Unités	1866-1876	1886
Mécaniciens	Par semaine	22 à 36 schl.	26 à 38 schl.
Maçons...........	Par semaine	20 à 37,2 schl.	20 à 40 schl.
Mineurs	Par jour	4 schl.	4,8 schl.

3° En Belgique, la rétribution moyenne annuelle est passé de 567 fr. en 1853 à 932 fr. en 1889 (3).

4° En Italie, le prix de la main d'œuvre, par heure, a presque doublé en 25 ans (4).

1. L. Lévy. *Wages and earnings of the working classes*, p. 4.
2. *Bulletin de statistique du Ministère des Finances*. Année 1889. 1er semestre, page 658.
3. Block. *Op. cit.*, page 324.
4. Bodio. *Annuario statistico italiano* (1888), page 436. Depuis 1887 la protection, les folles dépenses pour les armements, la fausse monnaie « légale » émise par les Banques, avec la complicité du Gouvernement ont arrêté ce mouvement d'augmentation du salaire.

1862	0,146	1885	0,236
1870	0,164	1886	0,237
1875	0,194	1887	0,238
1880	0,221		

5° Pour la Norvège, où le travail à la tâche est surtout répandu, M. Millet ministre de France à Stockolm nous donne, dans son rapport au ministre des affaires étrangères sur les conditions du travail, le tableau suivant. (Page 24).

Années	Eté		Hiver	
	Chemins de fer	Ponts et chaussées	Chemins de fer	Ponts et chaussées
1860-1865	1 80	1 70	1 74	1 49
1866-1870	1 85	1 80	1 80	1 59
1871-1875	2 65	2 23	2 21	1 88
1876-1880	2 54	2 35	2 30	2 06
1881-1883	2 30	2 40	2 13	2 »

6° En Amérique, les salaires, d'après M. Levasseur (1) auraient doublé depuis cinquante ans ; dans une communication à la société de statistique de Paris (2), M. Limou-

---

1. Levasseur. *L'ouvrier américain*, tome I, page 310.
2. *Journal de la Société de statistique* d'avril 1896. Consulter également à ce sujet : Levasseur, *L'ouvrier américain*, tome I, ch. V, pages 306 à 372.

sin a recherché qu'elle avait été, en numéraire, la rétribution annuelle de l'ouvrier entre 1860 et 1890, et voici les résultats qu'il a obtenus :

Années		Salaire annuel (en dollars).
1860	—	289
1870	—	302
1880	—	347
1890	—	485

7° Au Japon, où l'industrie a, depuis une vingtaine d'années pris un essor considérable l'augmentation du salaire a été d'environ 52 o/o d'après les chiffres publiés par M. François dans la *Revue d'économie politique* (1).

Professions	Salaires (en sens) en		
	1884	1887	1892
Charpentiers..................	23	26	32
Plâtriers.....................	24	27	32
Tailleurs de pierre............	26	30	36
Tailleurs (vêtements japonais)...	22	24	28
Tailleurs (vêtements européens).	19	51	49
Forgerons....................	22	27	31
Ouvriers en porcelaine........	19	22	30
Ouvriers en objets laqués......	20	25	30
Salaire moyen.............	22	29	33 5

Enfin, l'office du travail de Washington a essayé d'établir

1. *Revue d'économie politique* d'octobre-novembre 1898, p. 872.

la moyenne générale des salaires journaliers de certaines professions, dans les principaux pays du monde (1); nous extrayons de cette enquête le tableau récapitulatif suivant.

Années	Salaire moyen journalier (en francs)			
	Angleterre	Paris	Liège	Etats-Unis
1870	6 50	5 03	2 97	11 02
1875	6 90	5 56	3 17	11 21
1880	6 86	6 06	3 11	11 70
1885	6 98	6 23	3 16	12 36
1890	7 08	6 56	3 16	12 63
1896	7 95	6 65	3 31	12 28
Augmentation pour 100 du salaire dans chaque pays, pendant la période 1870-1896...	22 0/0	32 0/0	11 0/0	11 0/0

IV

§ I.

Le salaire nominal s'est donc accru dans le monde entier, et particulièrement en France, dans de notables proportions ; mais sa valeur réelle, c'est-à-dire son pouvoir d'acquisition n'a pas suivi une semblable progression. L'ensemble de la vie est, au moins chez nous, plus cher aujourd'hui qu'autrefois : les loyers déjà ont presque partout dou-

1. *Bulletin of the deparment of labour* (Washington), n° 18, septembre 1898.

blé, comme nous le montre l'enquête de l'administration des contributions directes de 1892 ; la nourriture n'a guère diminué de prix : seuls les objets manufacturés sont vendus meilleur marché. L'Office du travail a tenté de déterminer la hausse moyenne des prix des objets nécessaires à l'existence, et il a trouvé que l'ouvrier marié, pour ses besoins urgents, devait annuellement dépenser aujourd'hui 1.353 fr. alors qu'une somme de 1.051 fr. lui suffisait en 1844 (1). Autrement dit le coût de l'existence a augmenté pendant ces dernières années de 28 o/o : la hausse réelle du salaire n'est donc plus de 82 o/o mais seulement de 60 o/o (2) en-

---

1. Voici les chiffres obtenus par l'*Office du travail. Op. cit.*, tome IV, page 287.

Périodes	Nourriture Chauffage Eclairage	Logement	Ensemble
	fr.	fr.	fr.
1844-1853	931	120	1.051
1854-1863	1.052	170	1.222
1864-1873	1.075	220	1.295
1874-1883	1.093	270	1.313
1884-1893	993	320	1.353

2. Voir les chiffres concordants de M. Beauregard : « *Essai sur la théorie des salaires, la main d'œuvre et son prix*, page 113. De M. de Foville « *La France économique* » (1890), pages 197 à 200.

viron et dans les industries où elle est inférieure à ces
28 o/o dont s'est accru le coût de l'existence, la situation de
l'ouvrier, loin de s'être améliorée sera devenue plus misérable.

§ 2.

Ces chiffres, bien entendu, ne s'appliquent qu'à la France.
Dans certains pays, le prix des objets de première nécessité
a suivi une marche ascendante aussi rapide que la rémunération de l'ouvrier ; dans d'autres, au contraire, il a diminué assez notablement, de sorte que la hausse du salaire
réel est supérieure à celle du salaire nominal. C'est notamment ce qui est arrivé aux Etat-Unis pendant la période
1860-1891 (1). D'une façon générale, chez les peuples qui
n'ont pas eu recours aux taxes douanières, la différence
entre le salaire nominal et le salaire réel est peu sensible.
Ainsi, en Angleterre, la valeur des objets indispensables a
plutôt diminué ; s'il est vrai que, depuis 1845, le café, le
tabac, la viande ont renchéri, par contre le prix du sucre,
du thé, du froment, du pain, des tissus de cotons a baissé (2),

1. Levasseur. *L'Ouvrier américain*, tome II, page 213.
2. Voici pour ces différents objets de première nécessité les variations de prix entre 1845 et 1891, en désignant par 100 leur valeur
en 1845.

Café..	= 173	Sucre........	= 36
Tabac.	= 244	Thé.........	= 70
Viande	= 126	Froment......	= 61
		Tissus de coton	= 89

(D'après le *The Economist* de Londres, çité par Block. « *Europe
sociale* ». page 330).

et, d'après M. Leone Levy, alors que le budget de l'ouvrier se soldait, en 1857, par un déficit, en 1884, il laisse au contraire un excédent, bien que le salarié ait pu mener une existence plus large (1). Enfin, au Japon, par exemple, le salaire réel a très peu augmenté, pendant que le salaire nominal doublait. Voici, d'après une correspondance de la *Revue politique et Parlementaire* (2) quelles variations aurait subies le coût de l'existence depuis 10 ans, en désignant par 100 sa valeur en 1887.

---

1. M. Leone Levy dit en effet (*op. cit.*) qu'il fallait annuellement à l'ouvrier en 1857 pour ses besoins indispensables 1.578 fr. 50 ; or comme le salaire moyen était de 30 fr. par semaine, avec 50 semaines de travail par an, il y avait un déficit de 78 fr. 50.

En 1884 le budget des dépenses de l'ouvrier s'élève à 1.851 fr. 25 ; mais le salaire s'est accru de 40 fr. par semaine, et il reste finalement un excédent de 148 fr. 75.

Mais, outre que c'est là un budget idéal, comme le dit lui-même M. Leone Levy, il est nécessaire de faire remarquer que, d'après le même ouvrage (page 4), le salaire de l'ouvrier n'a haussé que de 12,37 o/o, ce qui fait une augmentation hebdomadaire de 3 fr. 71 seulement et non 40 fr., si le chef de famille travaille seul, comme semble le supposer M. Leone Levy. Avec ce chiffre le budget ne se solde plus par un excédent, mais par un déficit de 175 fr. 75. En fait, d'après les constatations même de M. L. Levy, l'augmentation de salaire de plus de 30 o/o qu'il suppose, n'existe guère que pour les journaliers, où elle n'atteint encore que 28 o/o.

Observons, à cette occasion, que M. Leone Levy a toujours forcé ses chiffres, dans le sens d'une augmentation de bien être de l'ouvrier.

2. *Revue politique et parlementaire*, mois de mai 1898, p. 431 et 432.

1887	100	1893	119
1888	107	1894	126
1889	112	1895	135
1890	117	1896	145
1891	109	1897	153
1892	115		

Si on veut bien se rappeler que, d'après le tableau page 50, le salaire nominal s'est élevé d'environ 52 o/o en neuf années, on voit, combien peu sa valeur réelle s'est accrue. D'ailleurs en prenant les deux années 1887 et 1892, qui figurent dans les 2 tableaux, on trouve une hausse du salaire de 15.3 o/o et du prix de la vie de 15 o/o.

§ 3.

Un dernier mot encore. Dans toute la seconde et la troisième partie de ce chapitre, il n'est question que de hausse des salaires ; nous avons vu qu'en France ils avaient presque doublé, que dans le monde entier ils s'étaient, en général, assez notablement accrus, et on pourrait dès lors croire, qu'à l'heure actuelle, tous les ouvriers gagnent au moins le strict nécessaire. Il est malheureusement loin d'en être ainsi. Sans parler des ouvrières, dérisoirement payées, le plus souvent (1), une famille d'honnêtes travailleurs, n'abusant ni

---

1. Voir Benoist. « *Le salaire des ouvrières de l'aiguille à Paris*, et surtout le chapitre (pages 107 et suiv.) où sont consignés les bud-

du cabaret, ni des jours de repos, ne peut difficilement que
« joindre les deux bouts » suivant l'expression populaire.
Considérons par exemple les budgets de 14 familles cités par
l'Office du travail (1) ; le moins élevé se monte à 1404 fr. 40,
et encore avec un loyer très bon marché, presque gratuit
(22 fr. 10 par an). Mais combien est-il d'ouvriers qui rapportent à la maison une pareille somme ? 300 jours de travail
à 4 fr. en moyenne par jour (2) voilà ce qu'ils gagnent
d'ordinaire, et si la femme a deux enfants en bas âge,
(c'est le cas du budget n° 3 que nous citons) si elle ne peut
travailler, ce sera le déficit, les dettes en fin d'année. Et ce
ménage d'ouvriers vivra avec la crainte perpétuel du terme,
du compte qui court chez le fournisseur : il sera obligé de
faire ses achats dans de louches institutions de vente à
crédit qui l'exploiteront, ses charges deviendront tous les
jours plus lourdes, et même si sa situation n'est pas aggravée par la maladie ou le chômage, ce n'en sera pas moins la
noire misère à bref délai (3).

---

gets d'un certain nombre d'ouvrières. M. d'Haussonville dit de
même, à ce sujet : « La fameuse loi d'airain, pure déclamation quand
il s'agit des hommes, pourrait bien avoir une part de vérité quand
il s'agit des femmes ! » (*Economiste Français*, année 1895, tome I,
page 230.

1. *Office du travail. Op. cit.*, page 466. Annexe E.
2. Ce chiffre de 4 fr. est celui du salaire moyen en province. Voir
page 47.
3. « L'ouvrier succombera tôt ou tard sous la fatalité qui le
broie » dit M. de Maroussem à propos des ébénistes. (*Revue d'économie politique*, année 1893, page 485.

CHAPITRE III

Établir entre ces deux phénomènes de la hausse des salaires, et de la baisse du taux de l'intérêt une relation, faire de l'un la cause principale de l'autre, était trop tentant pour ne pas être accueilli par les économistes qui voient partout un effet bienfaisant du libre jeu des forces sociales. Persuadés à la fois que la diminution du loyer de l'argent persistera (1), et que c'est le travail qui profite de cet état de choses, ils ont supposé, par une conception un peu simpliste, que la hausse des salaires qui s'est produite depuis

---

1. « La baisse qui s'est produite dans le passé, se continuera dans l'avenir... elle obéit à des causes permanentes et n'a pas dit son dernier mot ». Cheysson. *Rapport sur les institutions patronales*, page 499.

cinquante ans et qui, à leurs yeux, doit se continuer, avait précisément pour source la baisse du taux de l'intérêt.

Nous avons déjà essayé de démontrer (1) que la baisse du taux de l'intérêt n'étant pas un phénomène durable, on n'en pouvait escompter les résultats pour l'avenir ; c'est dans le passé maintenant que nous allons examiner si la diminution du loyer de l'argent a eu une influence quelconque sur la hausse des salaires, si ces deux faits sont connexes, s'il y a entre eux un lien essentiel.

I

§ I.

S'il y avait réellement entre ces deux phénomènes un rapport de cause à effet, il faudrait bien admettre qu'il y a toujours corrélation entre l'augmentation de l'un et la diminution de l'autre. Or ceci ne s'est pas produit. En France, par exemple, la baisse du taux de l'intérêt n'a commencé à se faire sérieusement sentir que depuis une vingtaine d'années (2) : ainsi le taux de la rente 3 o/o qui était de 3 francs 95 pendant la période 1835-1845, (3) s'élève pendant tout le second Empire et ne redescend à 3 francs 95 qu'en 1876.

1. Voir pages 23 et suiv.
2. Voir les notes pages 26 et 39.
3. Voir page 36.

Nous ne trouvons également aucune conversion de la rente française entre 1852 et 1883 (1), et ce fait prouve bien que pendant tout ce temps, le taux de l'intérêt n'a pas subi de diminution très considérable. Voici donc une période très longue où la part du capital est sensiblement restée constante : les salaires, pendant tant d'années, n'ont-ils haussé que d'une façon insignifiante? Pas du tout! Bien que le droit de grève n'existe que depuis 1864 et le droit d'union depuis 1884, la rétribution de l'ouvrier n'a pas cessé de progresser entre 1845 et 1865, et il suffit, pour s'en assurer, de jeter un coup d'œil sur les tableaux que nous avons cités (2). Mais ce résultat apparaît plus clairement encore, dans le tableau XXVIII de l'album graphique publié en 1897 par l'Office du travail : le mouvement des salaires entre 1840 et 1893, y est, en effet, représenté (nous l'avons déjà fait observer) par une ligne droite : or, il faudrait au moins admettre que si la baisse du taux de l'intérêt avait accru la part de l'ouvrier, il y aurait eu, dans les environs de 1875, un relèvement de la courbe.

§ 2.

Dans les pays étrangers, même observation. En Amérique, la hausse des salaires a été surtout accentuée entre 1865

---

1. Sauf la conversion facultative de 1862, qui fut surtout une sorte d'emprunt.
2. Voir pages 45 et suiv.

et 1870, et à ce moment le taux de l'intérêt atteignit 10 0/0.
— Au Japon le taux moyen d'intérêt s'est élevé de 9 yens 82
en 1895 à 9 yens 90 en 1897 (1) et cependant les salaires,
loin d'avoir diminué ont subi une hausse assez considérable de 30 à 40 0/0 (2).

§ 3

L'observation nous montre donc qu'il peut y avoir à la
fois une hausse du taux de l'intérêt et une hausse des salaires. Bien plus, la réciproque est également vraie : il peut
y avoir à la fois réduction sur le taux de l'intérêt et sur celui
des salaires. Ainsi on reconnaîtra volontiers que les grandes sociétés, jouissant d'un crédit considérable, trouvent,
en général, l'argent à meilleur compte que les industries de

---

1. Calculé d'après les chiffres publiés dans la *Revue politique et
parlementaire*, mois de mars 1898, page 655.
2. Voici en effet, les prix de la journée de travail à Tokio en 1895
et 1897 (*Revue pol. et parl.*, mois de mai 1898, pages 432 et 443.

Professions	Salaires en 1895 (en yens)	Salaires en 1897 (en yens)
Charpentiers	0,40	0,60
Maçons	0,50 à 0,70	0,80 à 1,00
Fabricants de nattes	0,60	0,80
Fabricants de paravents	0,50	0,60
Tailleurs	0,40	0,60
Fabricants de laque	0,75	0,90
Journaliers	0,30	0,40

moindre importance. Vont-elles pour cela distribuer des salaires plus élevés ? Loin de là. Si elles ne se trouvent pas en présence de syndicats ouvriers fortement constitués, elles abuseront de la puissance même, pour réduire la part du salarié. C'est ainsi que pour les ouvriers carriers, le plus souvent très disséminés, et par suite peu organisés pour résister au patronat, les salaires sont plus élevés dans les petites exploitations que dans les grandes : le salaire moyen qui est de 3 fr. 60 dans la région ouest lorsque l'entreprise n'occupe que de 25 à 99 personnes, descend à 2 fr. 15 lorsqu'elle en emploie de 100 à 500. Dans la région Nord (y compris le bassin de Paris) le salaire qui est de 4 fr. 15 lorsqu'il y a de 25 à 100 travailleurs, s'abaisse à 3 fr. 50 lorsqu'il y en a plus de 100 (1). De même dans la meunerie, (où les syndicats ouvriers sont aussi très rares), le salaire moyen pour la France est de 3 fr. 05 lorsqu'il y a de 1 à 24 ouvriers, de 2 fr. 80, lorsqu'il y en a de 25 à 99 et lorsqu'il y en a davantage, de 2 fr. 80 seulement (1).

§ 4.

Il est donc certain que l'on peut trouver à la fois une hausse des salaires et une hausse du taux de l'intérêt et réciproquement. Tous les économistes, à vrai dire, l'admettent

---

1. *Office du travail. Enquête citée*, tome IV, page 167. Les chiffres indiquant les salaires moyens dans la meunerie étant inexacts, ont été rectifiés.

fort bien ; mais, pour la plupart d'entr'eux, ces deux phénomènes, n'ont pu se réaliser simultanément qu'à des
périodes extraordinaires, où la production prenait un essor
considérable, où la demande de capitaux était supérieure à
l'offre, où l'industrie, se développant d'une façon anormale
avait besoin de plus de bras qu'il ne pouvait s'en présenter.
Mais, aujourd'hui, (d'après les auteurs qui soutiennent
cette opinion) de telles circonstances ne sauraient plus se
renouveler, et dans l'avenir la part du travail ne pourra
s'augmenter qu'au détriment de celle du capital.

Le fait qu'il a pu y avoir à la fois, hausse du taux de
l'intérêt et de celui des salaires, ne suffit donc pas pour
prouver d'une façon définitive, que ce sont là deux phénomènes indépendants. Mais la question proposée serait résolue si nous arrivions à établir que la rémunération du capital employé dans la production n'a pas diminué en réalité,
qu'il ne s'est nullement trouvé dépouillé, et que dès lors le
travail n'a pas pu profiter de sommes qu'on ne lui abandonnait pas.

C'est cette démonstration que nous allons tenter.

II

Mais d'abord, la baisse du taux d'intérêt des fonds d'Etat,
a-t-elle pu exercer une influence quelconque sur la rémunération du travail ?

La diminution du taux d'intérêt de ces valeurs, a eu pour premier résultat, nous l'avons vu, d'entraîner un mouvement général de baisse : c'est, en effet leur cours qui règle à peu près tout le marché. Mais les capitalistes ne se sont pas résignés sans peine, à ces réductions qu'on leur faisait subir sur leur revenu : ils ont accepté, pour obtenir davantage, de courir des risques plus forts, et ils ont recherché les placements industriels qu'ils dédaignaient autrefois ; les fabricants ont pu ainsi trouver de l'argent à meilleur compte et, par suite, semble-t-il, se montrer plus généreux vis-à-vis de leurs ouvriers. En réalité, le taux d'intérêt élevé que recherchent les rentiers, ils ne le trouvent que dans les valeurs de spéculation (1), dans les industries qui ont besoin d'argent à tout prix, et où le patron quel qu'en fût son désir, ne pourrait donner un accroissement de salaire à ses ouvriers.

D'ailleurs, en France, malgré les conversions, le rentier reste fidèle aux fonds d'Etat. En 1852 il n'y eut que 80 millions de francs, *en capital*, de remboursés, alors que l'opération portait sur plus de 175 millions *de rente*. En 1883 sur 340 millions de rente qui ont été convertis, le remboursement ne se monte qu'à 95.340 francs. En 1887 sur 840 millions en capital, il n'y en eut que 80 dont le paiement fut exigé. On trouvera encore une preuve de cet attachement du rentier aux fonds d'Etat, dans le fait que le dernier

---

1. Les valeurs minières ne rapportent plus par exemple que 2,90 o/o en moyenne, (tableau IV de l'appendice, page 132).

emprunt, pour notre colonie du Tonkin, a été plus de 36 fois couvert.

On le voit donc, la diminution du taux d'intérêt des fonds d'Etat n'a pu avoir sur la part du travail qu'un effet indirect, en entraînant une baisse semblable pour les placements industriels. Mais, là au moins, le salaire a-t-il profité de ce que le capital semble lui avoir abandonné? le capital même lui a-t-il abandonné quoi que ce soit? Pour répondre à cette double question, nous distinguerons suivant que la date d'émission des titres est antérieure ou non à la période actuelle de baisse du taux de l'intérêt, et, dans chacun de ces groupes, nous prendrons successivement les actions et les obligations.

III

A. L'émission des valeurs est antérieure à la période actuelle de baisse du taux de l'intérêt.

1° ACTIONS

§ I.

Dès le seuil de cette étude, nous trouvons une inégalité de traitement entre le travail et le capital, au profit de ce dernier. Lorsqu'un ouvrier cesse de travailler, de concourir à la production, il n'a plus droit (sauf les cas, malheureusement assez rares, où il existe des caisses de secours ou de

Cahen   5

retraite) à aucune rémunération : le capital, au contraire,
n'en continue pas moins, lui, à exiger un revenu, même
lorsque, entièrement remboursé, il ne joue plus aucun rôle
dans cette production ; dans les sociétés anciennes, il existe,
en effet, a côté des actions de capital, des actions dites
« de jouissance », dont le seul mérite est d'avoir autrefois
concouru à la production (ce dont elles ont déjà été ample-
ment récompensées) et qui pourtant prélèvent leur part sur
le bénéfice total. Et le nombre de ces actions, aussi bien
que le revenu qui leur est accordé, peut être assez considérable. Pour les grandes compagnies de chemin de fer par
exemple (sauf le P.-L.-M.) il a été, en moyenne pour l'année 1897 de 1.340.354 fr. (1).

Voici donc des sommes relativement importantes, qui
vont récompenser un capital, dont l'entreprise n'a nullement besoin, et ce, naturellement, au détriment des agents
actifs de la production. Mais lequel des deux agents, capital utile et travail, va se trouver le plus lésé ? Ce n'est certes pas le capital, puisqu'il a la perspective de recevoir une

---

1. Voici les sommes versées par les compagnies en 1897, aux actions de jouissance.

Est......	964.100	
Midi.....	293.150	
Nord	726.386	Moyenne : 1.340.354 fr.
Orléans ..	4.015.789,50	
Ouest....	702.345	

D'autres compagnies, comme celle de la tour Eiffel, ont remboursé
toutes leurs actions.

rétribution, alors même qu'il ne courra plus aucun risque, qu'il ne coopérera plus en aucune façon à la production, tandis que l'ouvrier, lui ne pourra plus rien réclamer, dès l'instant où son travail s'arrêtera, où il cessera d'être actif. La diminution de rémunération du capital, peut donc être assez exactement comparée à un versement pour prime d'assurance contre le remboursement, alors qu'il n'existe rien de pareil pour le travail : les sommes dont il se trouve privé, constituent bien pour lui une perte sèche.

D'ailleurs, en remboursant des actions, on diminue bien le capital risqué dans l'entreprise, mais non, en général, le capital total mis en œuvre : cela suppose donc que les sommes payées aux premiers souscripteurs, sont remplacées par d'autres capitaux : or ceux-ci ne peuvent provenir que de la coopération des premiers capitaux et du travail, et par suite, ils devraient appartenir à ce dernier au moins pour une part proportionnelle.

Une formule rendra peut-être plus claire cette observation. En désignant par n le nombre des actions de jouissance, par i la part de l'intérêt dans le dividende, et par d celle du profit, et en supposant, d'autre part, que les deux facteurs y concourent de la même façon (1), la rémunération des actions de jouissance qui est actuellement de $n \times d$ de-

---

1. Quel criterium adopter pour fixer l'utilité des deux facteurs dans la production ? Cette question est d'une solution à peu près impossible. Faute de mieux, le total des salaires actuellement payés semble fournir des indications suffisantes.

vrait être de $\dfrac{n(d+i)}{2}$. Or ce dernier terme serainférieur au premier, sauf lorsqu'on aura d plus petit ou au plus égal à i; dans la réalité d l'emporte sur i. Ainsi pour les six grandes compagnies de chemin de fer, la part du dividende représentant le profit est de 151 fr. alors qu'il n'est versé que 93 fr. 50 pour les intérêts (1).

En outre, la part du travail dans la production est, en général, proportionnellement plus importante que celle du capital, le total des salaires à distribuer plus considérable que le capital circulant nécessaire à l'entreprise. (Voir à ce sujet page 102). Par suite la fraction $\dfrac{n(d+i)}{2}$ est trop forte,

---

1. Voici pour les Compagnies de chemin de fer, la part par action, du profit et de l'intérêt.

Noms des Compagnies	Part dans le dividende		Dividende total
	du profit	de l'intérêt	
	fr.	fr.	fr.
Est..............	15 50	20 »	35 50
Midi.............	25 »	25 »	30 »
Nord............	46 »	16 »	62 »
Orléans..........	43 50	15 »	58 50
Ouest............	21 »	17 50	38 50
Total..........	151 »	93 50	244 50

quand elle représente l'accroissement de la rétribution du capital, et il ne faudrait pas seulement, pour que ce dernier ne prenne qu'une juste récompense que l'on ait $d=i$, il faudrait que l'on ait $d < i$.

En dernière analyse, c'est donc surtout sur la rémunération qui devrait régulièrement revenir aux salariés qu'est prélevé le revenu versé aux actions de jouissance : sur ce point déjà le capital n'a rien abandonné au travail : au contraire, ce dernier a été sacrifié au premier (1).

§ 2.

En ce qui concerne les actions proprement dites, il semble bien, à première vue, que leur rémunération ait diminué depuis 25 ans ; la baisse du taux de l'intérêt paraît être un phénomène général, qui n'a pas plus épargné les actions que les obligations : telle valeur industrielle qui rapportait autrefois 5 ou 6 o/o, ne donne plus aujourd'hui qu'un revenu de 3 ou 4 o/o, au maximum : il y a donc eu certainement, une réduction de la rétribution du capital,

---

1. Il faut faire observer que dans les industries prospères et bien organisées le nombre des actions de jouissance ira sans cesse en croissant ; ainsi dans l'industrie des chemins de fer il est passé de 31.693 en 1870 à 186.818 en 1895 ; il a donc presque quintuplé en 25 ans.

et il faut bien que quelqu'un en ait profité. Or ce ne peut être que le produit ou le salaire. Ce n'est pas le produit puisque la cherté de la vie croît tous les jours, c'est donc le salaire, et sa hausse constante est là pour témoigner que c'est bien à lui qu'ont été les revenus dont le capital s'est trouvé privé.

Le raisonnement est spécieux. A regarder les choses de près on s'aperçoit, en effet, que si les actions paraissent rapporter moins aujourd'hui qu'autrefois, c'est uniquement parce que leur valeur nominale, leur valeur au cours de la Bourse s'est élevée. Mais la valeur utile, c'est-à-dire la valeur fournie à la société n'a pas varié, de sorte que si les dividendes distribués sont restés constants ou ont augmenté, la part attribuée au capital employé dans la production n'a pas changé, ou même a subi un mouvement de hausse.

Ainsi prenons encore les grandes compagnies de chemin de fer. Là, la garantie d'intérêt assure au moins la fixité de la part du capital engagé dans l'entreprise ; par conséquent il ne saurait être question de diminution de la rémunération du capital. Pourtant personne ne songe à omettre les actions des compagnies de chemin de fer lorsqu'on se plaint que l'argent ne rapporte plus rien. Comment cela peut-il se produire ? Tout simplement parce que le minimum de rendement garanti est calculé sur le capital effectivement versé à l'entreprise, c'est-à-dire sur le prix d'émission des actions, et le taux d'intérêt ne paraît avoir diminué que par suite de la hausse des titres au cours de la Bourse, hausse proportionnellement plus rapide que celles des dividendes à distribuer. Mais en quoi cela peut-il permettre d'améliorer le sort des travailleurs ? C'est un signe de prospérité de l'exploitation, et c'est tout : il n'y a pas eu réduction de la part du capital, mais plutôt un accroissement. Ainsi le dividende des actions de la compagnie des chemins de fer de l'Est est passé de 33 francs en 1863 à 35 francs 50 en 1897 : il y a donc eu, en réalité, une élévation de la rétribution du capital de 7 francs 50 0/0. Mais pendant ce temps le cours de l'action est passé de 512 francs 60 à 1.053 francs, de sorte que le taux d'intérêt servi par la compagnie paraît être descendu de 6 francs 44 0/0 à 3 francs 37 0/0. De même, pour la compagnie du Nord, par exemple, qui n'a jamais usé de la garantie d'intérêt, le cours des actions s'est élevé de 1.010 francs 46 en 1856 à 1.944 francs 52 en 1897 cependant que les dividendes qui étaient de 56 francs en 1856 atteignaient 62 francs en 1896 ; par suite, il paraît y avoir eu une diminution d'intérêt de quarante-deux pour cent, alors qu'au contraire, le revenu par action a augmenté.

D'ailleurs si l'on se reporte aux tableaux I et II de notre appendice (1), on verra que le taux d'intérêt versé par les compagnies pour les sommes qu'elles ont réellement reçues, qu'elles ont pu employer dans l'entreprise, a été en moyenne en 1897 de 6 fr. 10 0/0, ce qui a toujours été considéré comme un taux très élevé (2). Par contre le taux

---

1. Voir pages 129 et 130.

2. Le tableau publié page 38 fait ressortir le taux d'intérêt des actions des six grandes Compagnies de fer en 1868 à 5 francs 99 0/0.

d'intérêt apparent n'est plus que de 3 francs 54 o/o, mais cela provient de ce que la valeur nominale du titre, s'est accrue dans des proportions plus considérables que les sommes à se partager : la situation de la société, pas plus que celle de l'ouvrier ne peut s'en trouver améliorée, puisque en réalité la part totale du capital a augmenté ; les seuls qui aient pu profiter de cette baisse apparente du taux de l'intérêt, ce sont les premiers souscripteurs qui sont récompensés des risques qu'ils ont courus par une plus-value considérable du capital.

§ 3.

Ce que nous venons de voir à propos des chemins de fer doit se retrouver dans toute industrie prospère. Lorsqu'une entreprise réussit, le cours de ses actions subit une hausse souvent rapide, et, dès lors, comme la somme à distribuer ne s'accroît régulièrement que de peu, l'intérêt apparent de chaque action semble diminuer, alors qu'en réalité la part totale attribuée aux actionnaires n'a pas cessé de s'augmenter.

Prenons par exemple les mines d'Anzin, sur lesquelles s'appuie M. Neymarck (1) pour sa démonstration. Voici

---

1. *Revue politique et parlementaire*, juillet 1896, pages 131 et 132.

depuis 1887, les cours des actions (Bourse de Lille) et les dividendes distribués (1).

Années	Cours des actions	Revenu de chaque action
1887	2.108	100
1888	2.340	115
1889	3.179	140
1890	4.938	230
1891	5.044	240
1892	4.586	240
1893	4.508	200
1894	4.432	160
1895	4.122	170
1896	4.400	190
1897	5.083	200

On le voit donc, sauf la période d'exceptionnelle activité qui va de 1890 à 1893, la part attribuée à chaque action n'a pas cessé de s'élever normalement : en dix ans, elle a doublé. Il est vrai que la valeur du titre au cours de la Bourse de Lille a subi une hausse plus considérable encore ; mais cette hausse est tout extérieure à la société, elle est simplement pour elle un signe de prospérité, et elle ne peut lui être utile qu'en affirmant son crédit.

---

1. Ces chiffres, comme la plupart de ceux que nous citerons, concernant le cours ou les dividendes des actions, sont extraits des documents officiels publiés par les agents de change.

Nous pourrions établir semblablement pour les autres valeurs minières que la rémunération du capital n'a pas diminué. Cela ressort d'ailleurs nettement du tableau IV de notre appendice (1). Sans doute l'intérêt apparent, c'est-à-dire celui calculé sur la valeur des titres au cours de la Bourse, n'est que de 2,89 o/o. Mais le cours de la Bourse ne saurait intéresser l'actif de la société ; ce qui lui importe, à elle, c'est le taux d'intérêt sur lequel seront calculés les revenus qu'elle devra verser pour les sommes qu'elle a réellement reçues, dont elle peut faire usage, et ce taux, dans le cas actuel, a été de 65,49 o/o en 1897. Devant une telle somme, on ne saurait guère parler de diminution de rémunération du capital !

De semblables résultats se retrouvent lorsqu'on considère l'ensemble de l'industrie. En effet, d'après le tableau récapitulatif N° IX de notre appendice (2), le taux d'intérêt moyen calculé sur les sommes réellement versées aux Compagnies ressort au taux extrêmement élevé de 12,87 o/o. Que peut importer à une entreprise que le taux apparent moyen d'intérêt soit seulement de 3 francs 36 o/o, que ses

1. Dans ce tableau (qui ne comprend, en général que des Sociétés anciennes) figurent toutes les mines les plus importantes. En effet d'après la statistique de l'industrie minérale pour 1897 page 38, il n'y a, en France que 37 sociétés de mines occupant plus de 1.000 ouvriers, et dont les principales sont : Anzin avec 11.600 ouvriers. — Lens avec 9.500. — Blanzy avec 8.000. — Courrières avec 5.700. Grand'Combe, Nœux, Bully-Grenay, Marles, Aniche, Liévin, Firminy, de l'Escapelle avec de 5.000 à 3.000 ouvriers.

2. Page 139.

actions aient subi en Bourse des plus-values considérables ?
Elle n'en versera pas moins, elle, 12 francs 87 pour 100 francs
qu'elle aura reçus, et ce seul chiffre suffit pour prouver
que la totalité des sommes à distraire sur le bénéfice pour
rétribuer le capital est loin d'avoir été réduit.

On pourra peut-être objecter que les entreprises qui
figurent dans les huit premiers tableaux de l'appendice,
sont, à peu près toutes, en pleine prospérité, car le fait
qu'elles sont cotées en Bourse, et que, anciennes pour la
plupart, elles ont pu vivre depuis de longues années, est
une présomption indéniable de réussite ; nous n'en avons
même relevé que 8 sur 125, soit un peu moins du 1/15, qui
n'ont pas distribué de dividendes en 1897. Mais, comme il
a déjà été fait observer dans l'introduction (2), l'influence
de la baisse du taux de l'intérêt sur les salaires a dû surtout
se faire sentir dans les industries prospères, car là où il n'y
a rien, où le patron est obligé de lutter pour éviter la faillite,
la baisse du taux d'intérêt des actions provient de ce qu'il
n'y a pas de profits à se partager, et l'exploitant ne peut
songer à se montrer généreux vis-à-vis de son personnel,
dont il a peine à payer le salaire minimum.

En résumé donc :

1° Il n'y a pas en réalité de diminution de la rémunération du capital employé dans les entreprises, et le tra-

---

1. Voir également au sujet de ces plus-values l' « *Annuaire de la
Finance* » de Justin Neu, 5e partie, où l'on trouvera le taux d'émission et la plus-value actuelle de la plupart des valeurs.

2. Page 14.

vail, ne saurait trouver de ce chef aucune source d'accroissement.

2° Si les actions paraissent aujourd'hui rapporter moins, c'est parce qu'elles coûtent plus cher à se procurer ; mais la situation des industries ne peut s'en trouver modifiée, car ce n'est pas le revenu versé par elles qui a diminué, (la seule chose qui les intéresserait directement) c'est la somme nécessaire pour acheter le titre à un autre détenteur qui s'est élevée.

2° OBLIGATIONS

Les mêmes raisonnements s'appliquent aux obligations. Lorsqu'une compagnie a consenti un emprunt à un taux déterminé, elle sera obligée de verser tous les ans les arrérages stipulés, quelque prix qu'atteignent ses obligations au cours de la Bourse. Si le capital nominal de ses titres vient à doubler, en quoi cela peut-il l'intéresser, en quoi la situation de l'ouvrier s'en trouvera-t-elle améliorée ? La Compagnie de Fives-Lille, ne continue-t-elle pas à verser 6 o/o pour son emprunt fait, il y a à peine 20 ans (1) bien que le rentier ne touche guère que 4 o/o du prix auquel il a acheté son titre ?

---

1. Il est fait ici allusion à l'emprunt 6 o/o contracté en 1877 par obligations de 400 francs, remboursables à 450 francs, et dont le cours moyen en 1897 a été de 496 francs 23.

Si la compagnie peut opérer des conversions, il y aura là, évidemment, pour elle, un bénéfice net. Mais qui en profitera ? Sera-ce l'ouvrier ? En général il l'ignorera. L'exploitation a pour siège un petit village, et la conversion se fait dans les grandes villes, où il y a des banques et des Bourses. Et puis, de quel droit irait-il réclamer sa part dans ce bénéfice où le travail ne lui semble jouer aucun rôle ? Enfin ce bénéfice, même s'il lui était entièrement attribué, ne pourrait donner à son salaire qu'une plus-value extrèmement faible. La réduction de rente n'est en général que de 0 franc 50 o/o soit 5.000 francs par million de capital, de sorte que, en prenant, par exemple, les mines de Lens, au capital de 3.000.000 de francs et qui emploient 9.500 ouvriers, l'augmentation par tête serait de 1 franc 57 par an, soit 0 franc 0052 par jour, en comptant 300 journées de travail. Qu'on songe aussi que les conversions ne peuvent guère avoir lieu que tous les 15 ou 20 ans, que, d'autre part, le Conseil d'administration, en décidant une conversion, en emploie, en général, le produit à un objet déterminé, et on conviendra aisément que ce n'est pas là une source d'accroissement normal du salaire de l'ouvrier.

D'ailleurs les conversions ne sont pas toujours possibles. Pour être réalisables, il faut que l'emprunt à convertir arrive à échéance à un moment où le taux d'intérêt est assez bas. Seul en effet, l'Etat, dont la dette est toujours remboursable à tout instant, a le droit de faire des conversions au moment qui lui semble le plus propice ; quant aux particuliers, il leur est défendu, sauf accord avec leurs prêteurs, de modifier leur taux d'intérêt avant l'échéance. C'est ainsi que le Conseil d'administration de la Compagnie de l'Est ayant voulu réduire le taux de ses obligations 5 o/o de 25 francs à 22 francs 50, la Chambre des requêtes de la Cour de cassation, par un jugement du 21 avril 1896, confirmant celui de la Cour d'appel du 28 novembre 1895 et du Tribunal civil du 18 juillet 1895 décida que la Compagnie ne pouvait « ni rembourser sa dette par anticipation, ni réduire le taux de l'intérêt de ses obligations 5 o/o, sans le consentement des porteurs ».

Enfin il est nécessaire d'observer que ce ne sont que les très grands établissements, connus de tous, ayant besoin de sommes considérables qui recourent à l'émission d'obligations : les autres sociétés préfèrent se servir de la commandite ou de l'emprunt du Code civil.

Pour la commandite, tout ce que nous avons dit des actions pourrait se répéter, puisque le commanditaire n'est pas autre chose qu'un actionnaire à responsabilité limitée. Quant aux autres emprunts faits sous le régime du Code civil, en admettant même qu'arrivés à l'échéance, ils puissent être remplacés par d'autres, contractés à des taux plus avantageux, comme ce ne sont pas des opérations publiques, l'ouvrier qui les ignorera ne saurait en profiter. D'ailleurs le nombre des entreprises qui recourent à ces sortes d'emprunts est très restreint, car c'est en général, pour elles un signe de décadence et de peu de prospérité.

B. L'émission des valeurs est postérieure à la période actuelle de baisse du taux de l'intérêt.

1° ACTIONS

Ici, semble-t-il, la baisse du taux de l'intérêt a dû permettre de faire au salaire une part plus large. Les actionnaires, en effet, en supputant leurs revenus futurs, calculent sur un taux d'intérêt moins élevé qu'il y a vingt ans, ils se contenteront donc d'une rémunération totale moindre, et ainsi se trouvera augmentée la rétribution du travail.

Malheureusement dans la pratique, il n'en est pas ainsi. Lorsqu'un patron arrive dans une localité pour y fonder une industrie, il y trouve le prix de la main d'œuvre tout réglé et il n'ira certes pas, surtout au début d'une entreprise, offrir bénévolement et dans le seul but humanitaire, une valeur supérieure à celle fixée par la coutume. Ce qu'il cherchera avant tout, c'est à augmenter son fonds de réserve pour assurer l'existence même de son exploitation, et aussi à distribuer les plus gros dividendes possibles, afin que le cours de l'action hausse rapidement en Bourse, procurant ainsi des plus-values parfois considérables, de capital. Loin de vouloir commencer par améliorer la rémunération du travail, il songera plutôt à la réduire : l'économie journalière de quelques centimes sur la paye des ouvriers devant lui permettre d'accroître les bénéfices nets à partage, en fin d'année. Souvent, d'autre part, la surveillance du Conseil d'Administration sera plus rigoureuse au début, et le chef de l'entreprise, obligé de rendre des comptes plus exacts, sera d'autant plus strict qu'il désirera davantage gagner la confiance de ses actionnaires, afin de jouir dans l'avenir de plus d'initiative et de plus de liberté. — Si, au contraire, c'est avec ses propres capitaux qu'il opère, l'intérêt personnel, ce levier de l'économie politique l'empêchera, en général, d'accorder de son plein gré, des améliorations sensibles au salaire de son personnel. Et les excuses qu'il pourra se donner à lui-même seront nombreuses : il craindra de ne pouvoir accorder que trop peu (une fraise dans la gueule du loup) ! ou d'exciter les appétits, ou de ne pouvoir maintenir ses plus values de salaires, etc....

Nous voyons d'ailleurs se produire ici ce que nous avons déjà observé pour les sociétés anciennes. La part totale exigée par le capital n'a pas cessé de s'accroître, mais, par un mouvement parallèle, le cours de l'action, dès la première répartition, s'est élevé d'une façon considérable, si bien que le capital semble rapporter moins. Ainsi, aux mines de Dauchy, l'action émise en 1895 à 200 francs atteignait en 1897 le prix de 920 francs 19 (Bourse de Lille), avec un dividende de 40 francs soit un taux d'intérêt de 20 o/o par rapport à la valeur nominale du titre. — Dans une industrie d'une autre nature, aux « Aciéries de France », l'action émise à 500 francs en 1881, valait en 1897 885 francs avec un dividende de 35 francs 84, de sorte que, tandis que l'action paraissait ne rapporter que 4 francs 16 o/o, c'était, en réalité, un intérêt de 7 francs 37 o/o que la compagnie servait pour les sommes qui l ui avaient été effecti-

vement remises. De même aux Ateliers et Chantiers de la
Loire, l'action souscrite à 5oo francs en 1881 coûte aujour-
d'hui 637 francs ; la dernière répartition ayant été de
32 francs 5o par action, cela fait un intérêt de 5 francs 10
par rapport au cours de la Bourse et de 6 francs 5o par
rapport au prix d'émission.

Nous pourrions reprendre ici tous les raisonnements faits
pour les sociétés anciennes, nous pourrions multiplier les
exemples, et nous verrions qu'ici non plus, la part du capital n'a nullement été réduite. Si, parfois, au début, elle
paraît avoir subi une diminution, c'est parce qu'il a fallu
augmenter le fonds de réserve, ou parce que les frais généraux ont été plus considérables les premières années, mais
rarement, pour ainsi dire jamais, parce que le sort du salarié a été amélioré.

En effet, ce n'est guère que dans les sociétés anciennes,
ayant de nombreux capitaux disponibles qu'on trouve des
bonifications de salaire, ou des caisses de secours ouvrières (1). Aux mines de Dauchy par exemple, dont les
titres (2) rapportent 20 o/o de leur valeur nominale, sait-
on quelles charges la compagnie supporte annuellement par
ouvrier, pour les institutions de prévoyance? 97 francs 68 !
alors que ces mêmes charges s'élevaient à 110 francs 75 à
Anzin et 266 francs aux mines de Vicoigne (3).

---

1. Sauf, bien entendu, les cas où la loi exige la création de caisses
de secours ou de retraites (Loi du 29 juin 1894).

2. Voir page 79.

3. Ces chiffres, il est vrai se rapportent à l'année 1892 ; ils sont

Cahen   6

Il n'est donc pas plus vrai de dire pour les sociétés nouvellement constituées que pour les sociétés plus anciennes, que le travail a pu profiter de je ne sais quelle part que lui aurait abandonné le capital ; peut-être même, au contraire, le patronat se montre-t-il plus âpre, ne donnant à l'ouvrier que ce qu'il lui doit strictement, voulant d'abord et avant tout, assurer le crédit de l'entreprise, faire monter le cours des actions, afin d'assurer aux souscripteurs des plus-values souvent considérables sur le capital.

2° OBLIGATIONS

Il est bien vrai que les chefs d'entreprises qui ont aujourd'hui recours à l'emprunt, paient, pour des sommes égales, des intérêts moindres qu'il y a vingt ans. Il y a donc de ce fait un bénéfice, une plus-value. Mais qui en profitera ? Ce ne peut être le salaire de l'ouvrier, car on emprunte, en général, dans un but déterminé, et ce but ne sera jamais le développement des institutions ouvrières : ce qu'on visera le plus souvent, ce sera le perfectionnement du machinisme, et on sait combien de semblables améliorations ont pu parfois être nuisibles à l'ouvrier.

---

extraits de la communication de M. Neymarck, *Revue pol. et parl.*, n° 25, page 132. Depuis, la Société des mines de Dauchy s'est reconstituée sur d'autres bases, et le législateur, d'autre part, est intervenu, unifiant à peu près toutes les principales charges ouvrières supportées par les Compagnies minières.

D'ailleurs quand une entreprise emprunte, elle augmente ses charges, et il ne peut être question d'élever les salaires sous prétexte que ces charges sont moins élevées qu'elles ne l'auraient été il y a quelques années. Sans doute, de tels emprunts sont contractés dans l'espérance que, la production se développant, les bénéfices, eux aussi, se multiplieront : mais ce n'est là qu'une espérance ; et il faudrait supposer une grande légèreté de le part du directeur de de l'exploitation pour admettre qu'il augmentera de suite les salaires, de la différence entre les bénéfices qu'il espère réaliser, et ceux qu'il aurait faits, si son emprunt avait été contracté à un taux plus élevé ! C'est pourtant à cela que revient l'opinion qui veut faire profiter l'ouvrier des conditions plus favorables auxquelles le patron emprunte.

Il faut, en outre faire observer que, pour les valeurs industrielles proprement dites, le taux de l'intérêt reste encore très élevé, et il suffit de jeter un coup d'œil sur le tableau XVII de notre appendice (1) pour s'apercevoir que taux auquel des sociétés, même en pleine prospérité, peuvent contracter des emprunts est encore de 4 à 5 o/o, en tous cas supérieur à 4 o/o, puisque le cours moyen d'intérêt calculé sur les cours de la Bourse est de 4 francs 02 o/o.

Enfin, il faut le rappeler, il n'y a que très peu d'industries qui peuvent recourir à l'emprunt par obligations ; les autres usent de la commandite (et alors tout ce que nous avons dit des actions peut se répéter ici) ou des emprunts

---

1. Voir pages 144 et suivantes.

du Code civil. Mais elles ne le feront le plus souvent, qu'à la dernière nécessité, lorsque le capital social sera épuisé, et que loin de pouvoir améliorer la situation de l'ouvrier, elles devront d'abord songer à se sauver de la faillite.

CHAPITRE IV

L'ACCROISSEMENT DE LA RÉMUNÉRATION DU CAPITAL A-T-IL OU NON,
ÉTÉ SUPÉRIEUR A CELUI DE LA RÉTRIBUTION DU TRAVAIL?

I

Voici donc un premier point acquis : la part attribuée au capital n'a pas diminué. Nous allons aller plus loin, et essayer de prouver que, loin d'avoir subi une réduction quelconque, elle s'est au contraire accrue, et accrue plus vite que celle du travail.

Notre démontration ne portera évidemment que sur les actions : pour les obligations, en effet, le taux d'intérêt reste constant, et, s'il est vrai que les Compagnies ne peuvent faire de conversions quand elles le désirent, la réciproque est non moins exacte, et les obligataires ne peuvent exiger une élévation du taux de l'intérêt avant le jour de l'échéance. — Mais avant d'examiner si, dans les faits notre assertion se trouve démontrée, il y a lieu de nous poser les deux questions suivantes :

1º Est-il juste que la rétribution du capital subisse une plus-value plus considérable que celle du travail ?

2 Est-ce, théoriquement, possible ?

§ I.

Personne ne peut nier que si réellement, la rétribution du capital a augmenté proportionnellement plus vite que celle du travail, ce ne soit une injustice. Le travail, en effet, est l'associé indispensable du capital ; tous deux isolés ne peuvent à peu près rien, « le capital, sans le travail, est un enfant, le travail, sans le capital, un boiteux » dit M. A. Walker (1) ? Dès lors pourquoi l'un aurait-il la part du lion, dans la répartition, tandis que l'autre n'aurait à peu près rien (2) ?

De nombreux économistes font observer que, légitimement, le capital a droit à une part assez large, parce que ses risques sont plus considérables que ceux du travail, sûr d'être rétribué à date fixe, et aussi parce que le profit comprend le salaire du patron. Ce sont là de pauvres arguments. C'est une erreur de croire que le travail court moins

---

1. « Capital without labor is an infant ; labour without capital a cripple » (A. Walker. *The science of wealth*, Boston 1869).

2. L'on ne saurait guère non plus, mettre en doute que le travail, ne soit et, surtout n'ait été, plus utile que le capital dans la production ; c'est lui en effet qui a créé la première richesse et le capital n'est, en somme, (si l'on peut dire ainsi) que le fils du travail.

de risques que le capital. Sans doute les salaires seront payés, même s'il n'y a pas de dividendes à distribuer, même si, les premières années ne laissant aucun bénéfice, le capital ne reçoit rien. Mais, si cette situation vient à se prolonger, l'usine fermera ses portes, et les ouvriers seront sans travail et sans pain ; alors, pour trouver un emploi de leurs bras, ils se feront entre eux une concurrence d'autant plus acharnée qu'ils seront plus nombreux, qu'il y aura davantage de chômeurs du même métier. D'ailleurs les salaires sont en général réduits à mesure que les bénéfices baissent, et il suffit de parcourir les documents publiés mensuellement par le *Bulletin de l'Office du Travail*, pour voir combien nombreuses sont les grèves provoquées par des abaissements de salaires : en 1894, par exemple, pour vingt-deux grèves provenant de demandes d'augmentation du salaire, il y en eut dix pour protester contre des diminutions ; en 1897 11 o/o des grèves sont faites dans le même but (1). C'est aussi le renvoi de 13.000 ouvriers nécessité par le mauvais état des affaires, qui en avril-juin 1897, provoqua la grève aux mines de Grand'Combe, et, devant tous ces faits, on est obligé de conclure que les travailleurs,

---

1. Dans le numéro de janvier du *Bulletin de l'office du travail* (page 24) on lit également : « Les fabricants de cotonnade de la région de Thizy, ne pouvant plus lutter avec leurs concurrents de la région rouennaise ou des Vosges ont proposé à leurs ouvriers... une diminution de o fr. 01 par mètre sur l'ensemble de tous les articles portés au tarif... une différence en moins de o francs 02 par kilog sur tous les numéros de filés, indistinctement... »

sont, eux aussi intéressés à la réussite de l'entreprise, dont l'échec leur apporterait, plus encore, peut-être, qu'aux bailleurs de fonds, la misère et la ruine.

Enfin le travail court un risque auquel n'est pas exposé le capital : l'ouvrier peut en effet être renvoyé du jour au lendemain, et la plupart du temps sans qu'il y ait lieu à indemnité (1) : qu'il déplaise à un maître-porion ou à un contre-maître, et le voilà sans ressource, sans moyen de s'en procurer. Pas plus que le capital il ne peut donc compter avec certitude sur une rémunération, mais tandis que ce dernier va au devant de risques dont il peut mesurer l'étendue, dont il connaît la portée, qu'il peut chercher à éluder, au contraire, le travail est exposé à des dangers que ni sa prévoyance, ni sa sagesse, ni son habilité, ne peuvent lui permettre de vaincre.

Quant à dire que les profits comprennent le salaire du patron, cela est surtout inexact en ce qui concerne les sociétés par actions. Là, en effet, il y a le plus souvent un directeur, véritable patron, qui n'est pas rétribué sur les profits. Ils possède, il est vrai, en général, un certain nombre d'actions ; mais son salaire est représenté par un traitement, et les actions dont il doit obligatoirement être propriétaire, constituent seulement une mesure de garantie.

---

1. La jurisprudence de la Cour de cassation exige en effet, que l'ouvrier fasse la preuve (la plupart du temps extrêmement difficile) qu'il a été renvoyé sans motif variable. Voir à ce sujet l'article de M. Charnay dans la *Revue socialiste* de février 1899.

En quoi peut-on parler de salaires, lorsqu'il s'agit d'actionnaires dont la plupart ne connaissent que le nom, la réputation, la couleur des titres de l'entreprise ?

Bien plus, non seulement il n'est pas juste en droit, que
la part du capital suive une marche ascendante plus rapide
que celle du travail, mais il semble au contraire qu'en
toute équité, elle doive demeurer constante, peut-être même
se trouver réduite. Le capital, en effet, suivant une expression chère aux socialistes, n'est pas autre chose que du travail cristallisé, et ayant déjà reçu une rémunération sous
sa première forme ; s'il a encore des droits dans la répartition, c'est parce qu'il n'a pas été consommé, et parce qu'il
est utilisé à nouveau : il y a donc une récompense pour une
abstention, et pour une utilisation. Or :

1° Un fait semblable à l'abstention n'est pas susceptible
de degrés : on s'abstient ou on ne s'abstient pas, on consomme ou on ne consomme pas. La récompense sur ce
point, ne devrait donc pas, en idéale justice, subir de plus-
value.

2° L'utilisation, elle aussi, ne peut aller qu'en diminuant.
Les premiers capitaux ne servent qu'à mettre l'usine en
marche, qu'à acheter l'outillage général indispensable ;
mais le mouvement ainsi donné se continue de lui-même,
avec l'aide de nouveaux capitaux prélevés sur les produits
de l'industrie Et de même que dans l'histoire du monde,
les premières richesses, celles d'où devaient sortir toutes
les autres, seraient aujourd'hui d'une utilisation impossible,
de même les premières machines, achetées avec les pre-

miers capitaux, deviennent vite sans emploi, et doivent être remplacées.

Parfois aussi, la première mise de fonds, est, au moins en partie remboursée, (actions de jouissance) de sorte qu'au total, en toute équité, la part du capital ne devrait jamais s'augmenter, et qu'en tous cas, en fait, ses plus-values proportionnelles ne devraient pas dépasser celles du travail. Si donc nous sommes amenés par la suite, à constater que la réalité est contraire, que la rétribution du capital progresse plus rapidement que celle du travail, nous pourrons affirmer qu'il y a là un mal auquel il faut porter remède.

§ 2.

Voyons, maintenant, s'il est théoriquement possible que la part du capital se soit élevée dans de semblables proportions, si son accroissement n'a pas dû être parallèle à celui du travail.

Les plus-values dont a profité le capital ne peuvent provenir que des différentes sources suivantes : 1° L'augmentation de production ; 2° l'élévation des prix de vente de l'objet fabriqué ; 3° la diminution des frais généraux ; 4° enfin l'avilissement des salaires.

---

1. Mais les nouveaux capitaux sont, tout entiers, le fruit de la collaboration de l'ancien capital devenu inutile et du travail ; donc les nouvelles machines devraient appartenir au moins en partie, aux travailleurs.

1° Lorsqu'on parle d'augmentation de production, comme cause de l'accroissement proportionnel de la part du capital, cela suppose nécessairement que le capital mis en œuvre est resté le même : dès lors cet essor de la production provient de la plus grande productivité de l'ouvrier ; que cette plus grande productivité existe, cela, d'une façon générale, n'est guère douteux (1). L'ouvrier plus intelligent sait tirer un meilleur partie de ses outils et de ses forces, et la division du travail, d'autre part, permet d'obtenir des objets plus parfaits, dans un temps plus court. Voilà donc une première cause qui ira grossir la rétribution du capital ; mais, en même temps, elle profitera aussi à l'ouvrier, et si ce dernier touche sa part proportionnelle, leur situation respective ne se trouvera pas aggravée. En réalité l'ouvrier ignorera le plus souvent la quotité de la plus-value qu'il aura ainsi apportée ; en outre, la véritable mesure du salaire étant pour lui le temps, comme la durée de sa présence à l'usine n'est pas prolongée, il se contentera d'une simple prime qui « arrondira » sa prochaine paye (2).

2° Nous n'insisterons pas sur la deuxième cause ; « l'élévation du prix de vente des objets manufacturés » : c'est là une question d'espèce qui ne peut être tranchée d'une façon générale ; pourtant il faut faire observer que lorsque des

---

1. On trouvera quelques chiffres à ce sujet, page 29.
2. D'après Rodbertus (*Deuxième lettre à M. de Kirchman* 1850, page 46), plus la productivité de l'ouvrier est grande, et plus sa part proportionnelle dans le produit achevé diminue.

bénéfices proviennent de ce chef, aucune part n'en va aux travailleurs, sauf les cas où l'exploitant veut bien se montrer généreux.

3° Quant à la diminution des frais généraux, elle doit, si l'entreprise est bien dirigée, se produire régulièrement tous les ans. La mise en train d'une industrie est, en effet, assez comparable, à la mise en marche du volant d'une machine à vapeur. Le premier effort est considérable : puis, plus les choses vont, et plus le volant emmagasine de force, moins il exige de peine pour continuer son mouvement. Mais les profits ainsi réalisés le sont en dehors de tout travail ; dès lors l'ouvrier n'y a aucun droit, et il n'en peut rien exiger.

4° Enfin, par « avilissement de salaires », il faut entendre une réduction de la rétribution de l'ouvrier par rapport à l'unité d'objet fabriqué, et il peut ainsi se produire, en réalité, un avilissement de salaire, alors même, qu'en apparence, la rémunération du travailleur paraît s'être augmentée de primes. Supposons en effet que le travailleur qui produisait dans sa journée de travail T une valeur de V, moyennant un salaire de S arrive aujourd'hui, grâce au perfectionnement de son intelligence, à l'augmentation de sa productivité, à obtenir cette valeur V, avec les mêmes outils dans un temps $t < T$. Son salaire par suite, pour que le prix de la main d'œuvre restât constant, devrait être de

$$S + \frac{S}{V} \times \frac{V(T-t)}{t}\ (1).$$

1. Voici la suite des calculs qui nous amène à cette formule :

Si donc, la prime, le sursalaire accordé est inférieur à cette quantité $\frac{S(T-t)}{t}$ (où par hypothèse T—t), est positif le salaire réel par unité d'objet fabriqué, aura diminué.

Une formule résumera très clairement les quantités dont le capital a pu s'augmenter. — Nous supposerons pour simplifier que le nombre des ouvriers et celui des journées de travail, est resté constant.

1° Si S et S′ désignent les salaires aux deux années extrêmes de la période considérée, P et P′ la productivité de l'ouvrier à ces mêmes moments, le salaire S aurait dû devenir $S \times \frac{P'}{P}$ — Si S′ $< S \times \frac{P'}{P}$ et si on suppose un nombre n d'ouvriers, la part du capital s'est d'abord accrue de :

$$ n \times S \times \frac{P'}{P} - n\,S' $$

2° Si le prix de vente s'est élevé de V à V′, le capital profite encore d'un bénéfice

$$ Q\,(V'— V) $$

ou Q représente la production au début de la période considérée.

Dans le temps T — t qui lui reste à travailler, l'ouvrier produira $\frac{V(T-t)}{t}$. Si pour une valeur V, il a droit à un salaire S pour une valeur de $\frac{V(T-t)}{t}$ il a droit à un salaire de $\frac{S}{V} \times \frac{V(T-t)}{t}$

3° Le nombre des ouvriers étant, par hypothèse resté constant, ainsi que celui des journées de travail, et la productivité par tête, ayant augmenté, la production totale est passée de Q à Q' ; de là un profit de

$$V' (Q' - Q)$$

4° Enfin, les frais généraux ont dû s'abaisser d'une quantité F—F', de sorte que la formule devient :

$$n\left(\frac{SP' - S'P}{P}\right) + Q (V' - V) + V' (Q' - Q) + (F - F')$$

§ 3

Le salaire, lui, doit son accroissement à trois causes principales : l'augmentation de productivité, l'élévation des prix de la vie, la générosité du patron (1).

La première de ces causes, nous l'avons montré, profite davantage au capital. qu'au travail ; quant à la deuxième, elle ne peut procurer au salaire qu'une hausse peu sensible d'une année sur l'autre ; enfin la générosité du patron ne se fait sentir que lorsque le capital a pris sa large part. D'ailleurs la concurrence que se fait à elle-même la main-d'œuvre, le développement de la classe ouvrière dont l'effet est de multiplier l'offre de bras plus vite que la demande,

---

1. Pour la plus ou moins grande influence de ces différentes causes, voir pages 28 et suivantes.

empêche les ouvriers de recevoir tout ce qui devrait leur revenir, et la crainte d'être congédiés les oblige à abandonner une partie de leurs droits.

L'accroissement proportionnel de la part du capital peut donc très bien être plus rapide que celui de la rémunération du travail : c'est la conclusion à laquelle nous conduit cette discussion théorique.

II

A ne lire que les rapports des différents groupes de l'exposition d'économie sociale, ou les discussions de la société de statistique ou celles de la société d'économie politique, ou les conférences faites sous le patronage du Comité de progrès et de défense sociale, il semble que la réalité doive se trouver en contradition avec ces conclusions théoriques.

Nous allons examiner à notre tour, en toute impartialité, si les faits confirment ou non cette assertion que la rétribution du capital s'est proportionnellement plus accrue que celle du travail.

§ I.

Prenons d'abord les mines d'Anzin, que M. Neymarck cite à chaque instant dans sa communication, et qui ont obtenu la plus haute récompense à l'exposition du groupe social, en 1889.

Le total des salaires et des sommes consacrées aux institutions ouvrières s'élève en 1888 à 14.419.625 francs alors que le total des dividendes distribués est de 3.312.200 francs. Autrement dit sur 100 francs à partager entre le capital et le travail, le capital prenait 18 francs 68 et le travail 81 francs 32. En 1895, 17.192.270 francs reviennent aux ouvriers et 4.896.000 francs sont versés aux actionnaires (1). Sur 100 francs l'ouvrier ne touche donc plus que 77 francs 83 et l'actionnaire au contraire, 22 francs 17. Or pendant toute cette période, le capital mis en œuvre n'a pas augmenté, il n'y a pas eu de nouvel appel de fonds sur les actions : rien ne peut donc justifier un tel accroissement dans la rétribution du capital. — De même pour les mines de Liévin, la somme revenant à l'ouvrier, sur 100 francs à partager s'est abaissée de 85 francs 17 en 1888 à 82 francs 51 en 1895 (2). Il suffit, d'ailleurs, de jeter un coup d'œil sur le tableau IV de l'appendice (3), pour voir combien rapide a été l'élévation de la part du capital, dans des valeurs mi-

---

1. Soit une augmentation des salaires de 18 o/o et du capital de 47 o/o. — Ces différents chiffres sont empruntés à l'articles de M. Neymarck dans la *Revue politique et parlementaire* du 10 juillet 1896, page 131.

2. Et encore, dans nos calculs, nous avons tenu compte, non seulement des salaires réellement payés, mais encore de toutes les sommes consacrées aux ouvriers (salaires complémentaires, secours, allocations, etc...) et on sait ce que de pareilles distributions cachent souvent. Faisons aussi observer que la part prise par le capital sur 100 francs de bénéfice peut avoir diminué sans que cela implique une réduction de sa rétribution totale. Voir page 106.

3. Voir page 132.

nières. Ainsi pour les mines de Vicoigne et Neux, un versement de 600 francs effectué en 1843 rapporte aujourd'hui 750 francs; autrement dit, en prenant 6 o/o comme valeur normale d'intérêt en 1843, la part des actions est passée de 36 francs à 750 francs : elle est devenue 20 fois ¹/₂ plus forte, en cinquante ans ; il est évident que le salaire des ouvriers est loin d'avoir subi une marche ascendante aussi rapide (1). — Aux mines de Lens même observation. L'action de 300 francs appelés en 1855 vaut aujourd'hui 14.100 francs et rapporte 1.150 francs, ce qui représente, pour les premiers actionnaires un revenu de 350 o/o du capital versé, près de 60 fois plus élevé que celui sur lequel les souscripteurs avaient le droit de compter : qu'on puisse montrer un salaire s'étant accru dans de semblables proportions. L'augmentation de dividende n'est évidemment pas aussi forte dans toutes les mines (2); néanmoins, si on prend le taux d'intérêt moyen que les sociétés minières versent pour les capitaux qu'elles ont réellement reçus, il ressort à 65,49 o/o (3). En admettant que les capitalistes aient compté sur le taux

---

1. Il faut dire toutefois que les charges supportées par la Compagnie pour les institutions de prévoyance est assez lourde : 266 francs par tête et par an.

2. Ainsi aux mines de Blanzy, le revenu des actions est passé de 30 à 80 francs, soit une augmentation de près du triple. Les salaires pendant ce temps ont au plus doublé : pendant la période 1873-1889 ils sont passés de 2 francs 98 à 3 francs 69.

3. Voir. *Appendice*, page 132.

Cahen 7

énorme de 10 o/o (1). Leur part a encore plus que sextuplé alors que les salaires ont, au maximum, doublé (2).

§ 2.

Des documents officiels, eux-mêmes, font ressortir ce fait, que, dans les mines, la rémunération du capital, s'est élevée plus rapidement que celle du salaire. Voici, en effet, d'après le *Bulletin de l'office du travail* (3) quels ont été, dans les mines de houilles, les salaires totaux, et les produits nets taxés, par période décennale de 1851 à 1890.

Périodes	Salaires totaux	Salaires annuels par ouvrier	Produits nets taxés
	fr.	fr.	fr.
1851-1860	33.750.000	675	17.500.000
1861-1870	61.950.000	790	20.200.000
1871-1880	103.200.000	1.005	38.400.000
1881-1890	117.175.000	1.090	41.400.000

1. Nous avons déjà fait observer que la loi de 1807 admettait, comme taux maximum, en matière commerciale, 6 o/o.

2. D'après l'enquête de l'*Office du travail*, (tome IV, page 273). et la statistique de l'industrie minérale pour 1897 (page 11), le salaire nominal annuel, dans les mines de combustibles est passé de 594 francs en 1847 à 1.194 francs en 1897 : il avait donc à peu près exactement doublé.

3. *Bulletin de l'Office du travail* de mars 1895.

En établissant le rapport des produits nets taxés, c'est-à-dire, de la part du capital aux salaires totaux, on obtient les chiffres suivants :

1851-1860	2 fr. 50
1861-1870	3 fr. 06
1871-1880	2 fr. 97
1881-1890	2 fr. 80

Qu'est-ce à dire ? sinon que, au moins depuis 1860 la rémunération totale prise par le travail s'est élevée proportionnellement moins vite que celle du capital (1). Nous pouvons même préciser les pertes faites par les salariés. S'ils avaient eu leur part légitime, pendant cette période 1881-1890, leur rétribution se serait élevé à

$$\frac{61.950.000. \times 41.400.000}{20.200.000} = 146.556.000,$$

soit 29.381.000 francs de plus qu'il ne leur a été attribué : or, pendant la période 1881-1890, il y a eu, en moyenne

---

1. M. Coste, dans sa communication à la société de statistique, donne pour la part du salaire et du travail, dans les mines de houille, les chiffres suivants, en désignant par 100 les salaires individuels et la part totale du capital dans la période 1851-1860.

Périodes	Salaires	Part du capital
1851-1860	100	100
1861-1870	117	115
1871-1880	148	217
1881-1890	161	236

Cette statistique a été vivement critiquée. Voir notamment les discussions à la Société de statistique de Paris, (*Bulletin*, année 1897, pages 112 et 118).

108.000 ouvriers employés annuellement dans les mines : le salaire moyen de chacun d'eux est donc trop faible de : 272 francs.

§ 3.

Que l'ouvrier mineur ne reçoive pas toute la rémunération à laquelle il a droit, cela paraît évident, lorsqu'on compare les sommes qu'il a reçues et celles qu'il aurait dû recevoir. Ainsi, d'après les tableaux publics publiés par M. Fournier de Flaix (1) dont les chiffres sont puisés dans des documents officiels, et qui portent sur une période où le ma-

---

1. *Bulletin de la Société de statistique,* année 1897, page 128. Voici d'ailleurs ces chiffres que nous avons contrôlés avec les documents officiels publiés dans « l'*Annuaire statistique de France* ».

Années	Prix de la tonne	Production en milliers de tonnes	Nombre d'ouvriers	Salaires annuels
	fr.			fr.
1881	21 61	19.776	106.400	1.055
1882	21 47	20.604	108.300	1.099
1883	21 »	21.334	113.000	1.125
1884	21 »	20.024	109.000	1.073
1885	20 89	19.525	101.616	1.042
1886	19 79	19.910	102.400	1.049
1887	19 65	21.288	103.200	1.067
1888	19 12	22.603	105.000	1.084
1889	20 41	24.304	111.000	1.057
1890	22 55	26.083	121.600	1.125
1891	21 61	26.025	131.800	1.126
1892	20 58	26.179	133.000	1.141
1893	20 58	26.631	132.700	1.175
1894	19 53	27.417	134.600	1.108
1895	20 07	28.020	137.700	1.090

tériel de l'industrie minière n'a pas subi de transformation notable, le salaire annuel de l'ouvrier mineur est passé de 1.055 francs en 1881 à 1.090 francs en 1895, soit une augmentation de 35 francs ; mais la productivité de l'ouvrier pendant ce temps s'est élevée de 185 tonnes à 203, cependant que le prix de la tonne s'abaissait de 21 francs 61 à 20 francs 07. Autrement dit, le travailleur qui produisait 3.997 francs 85 en 1885 produit 4.074 francs 21 en 1895, soit une différence de 76 francs 36 ; supposons que cette somme, bien que venant tout entière de la plus grande activité ou de la plus grande habileté de l'ouvrier, doive se partager exactement entre le capital et le travail, cela fait encore une plus-value de salaire de 38 francs 18, alors que l'augmentation réelle n'a été que de 35 francs, inférieure par conséquent à celle à laquelle l'ouvrier avait droit. Et encore, les fruits de cette surproductivité ne devraient pas se diviser ainsi en deux parts égales, car dans l'industrie minière, le rôle du travail dans la production est plus important que celui du capital (1).

§ 4.

De même d'après la dernière statistique de l'industrie minérale (celle de 1897) la productivité du mineur, en France, aurait été en 1897 de 215 tonnes soit supérieure de 7 tonnes à ce qu'elle était en 1895. « Grâce à quoi, ajoute

---

1. Voir pages 102 et suivantes.

cette publication officielle, les frais de main-d'œuvre ont diminué de 0 franc 10 par tonne, en moyenne ». Par conséquent, il y a par ouvrier une plus-value de 215×0 franc 10 soit 21 francs 50. Or cette plus-value, à qui profitera-t-elle ? Pas au produit, puisque le prix de vente de la tonne est, en 1897, plus élevé de 0 franc 01 qu'en 1896. Pas au salaire, puisqu'elle est calculée, une fois les salaires payés. Ce sera donc au capital qu'elle ira, et sa part s'augmentera de 21 francs 50 par ouvrier. La rétribution annuelle de chaque travailleur s'est-elle accrue d'autant? Non pas. Elle a bien augmenté, mais seulement de 16 francs en tout, 25 o/o de moins que la rémunération du capital.

§ 5.

De quelque façon donc que nous considérions la question, l'étude des mines, où nous pouvons discuter sur des documents certains, officiels, nous donne les résultats suivants.

1° La part absolue du capital a augmenté plus vite que celle du travail, et ceci est vrai, aussi bien en prenant des exemples particuliers, même choisis parmi les sociétés qui passent pour les plus généreuses, que l'ensemble de l'industrie houillère.

2° Le salaire de chaque ouvrier ne s'est pas accru de toutes les plus-values auxquelles il avait droit : il a été en partie frustré.

§ 6.

Il n'est pas nécessaire, après les chiffres que nous venons de donner, de faire longuement la critique de la théorie que M. Aynard a exposée à la Chambre des députés, dans la séance du 25 juin 1896 (1), et où il essaie de faire ressortir, combien, dans l'industrie houillère, les travailleurs sont plus favorisés que le capital, puisqu'ils touchent 5 francs 80 par tonne, alors que le capital doit se contenter de o franc 95.

Cela ne signifie rien, sinon que, dans l'industrie des mines, il faut une main-d'œuvre assez nombreuse, par rapport au capital employé ; mais cela ne permet nullement de supposer que l'ouvrier se trouve plus heureux que si la proportion était inversée.

Par exemple, d'après le budget de la Compagnie du gaz (année 1895) le total des sommes revenant aux fonctionnaires, employés et ouvriers (y compris les caisses de retraite et de prévoyance) se monte à 9.757.868 francs 38, tandis que la rémunération du capital sous ses diverses formes s'élève à 34.645.200 francs. Autrement dit, sur 100 francs à se partager le capital en prend 78 et le travail 22. Il n'en faudrait pas déduire que les salaires payés par la Compagnie du gaz sont moins élevés que ceux des mines : tout ce que cela prouve, c'est que l'industrie du gaz exige une plus grande

1. *Journal Officiel* du 26 juin 1896. *Débats parlementaires*, page 1.060.

immobilisation de capitaux, par rapport à la main d'œuvre, que l'industrie extractive (1).

Assez nombreuses, sont les industries où c'est la rémunération du capital qui l'emporte sur celle du travail ; citons par exemple, les usines à gaz, fabriques de tapis, de céruse, de poudre, les mines de sel gemme, les raffineries de salpêtre, les minoteries, huileries, brasseries, imprimeries, etc... (2).

§ 7.

Ce qui est vrai pour les mines, l'est aussi pour les autres industries. Aux usines du Creusot par exemple, les dividendes se sont accrus en 22 ans de 50 o/o : ils sont passés de 50 francs en 1875 à 75 francs en 1897 : jamais les salaires n'ont suivi une marche aussi rapide. D'ailleurs le tableau IX récapitulatif de notre appendice (3) fait ressortir le taux d'intérêt moyen, calculé sur les prix d'émission des actions à 12 francs 87 o/o. Or, il y a 50 ans, les capitalistes ne pouvaient compter au maximum que sur un taux d'intérêt de 5 ou 6 o/o : cela fait donc une augmentation certainement supé-

---

1. Nous avons, en outre, fait observer (page 61) que le salaire variait souvent, en raison inverse du nombre des ouvriers employés.

2. Voir au sujet de cette observation, la communication citée de M. Coste, (*Bulletin de la Société de statistique*, année 1896 p. 44) à laquelle nous avons emprunté la plupart des éléments de ce paragraphe.

3. Page 139.

rieure au double, alors que, nous l'avons vu (1), la hausse des salaires dans la seconde moitié de ce siècle, n'a été que de 85 o/o environ.

Mais les statistiques de l'Enregistrement nous permettent de généraliser encore nos observations et d'échapper au reproche de ne considérer que des sociétés prospères.

En 1844, il a été relevé pour les successions et donations un chiffre de 1.788.613.438 francs. Cinquante ans plus tard, en 1894, ce chiffre est devenu 5.749.900.000 francs. Autrement dit entre 1844 et 1894, le capital nominal a plus que triplé (il est devenu exactement 3,20 fois plus grand) ; pendant ce temps la réduction du taux de l'intérêt a été, d'après nos calculs (2), d'environ 35 o/o, de sorte que la part du capital est passée de 100 à 208 (3). Pendant cette même période, le salaire, lui, n'a subi qu'une hausse de 85 o/o : sa part de 100, est devenue 185.

_____

1. Page 47.

2. Page 43.

3. Voici comment nous arrivons à ce chiffre. Un capital A en 1844 au taux d'intérêt t rapportait par hypothèse 100. En 1894, ce même capital est devenu 3,20 A et est placé au taux d'intérêt $2/3 \times t$, il rapporte donc : $\dfrac{3,20\ A \times 2/3\ t}{100}$. Or $\dfrac{A \times t}{100} = 100$; le taux d'intérêt en 1894 est donc de $100 \times 3,20 \times 2/3 = 208$.

Ce chiffre de 208 est plutôt trop faible, puisque nous comprenons dans les successions et donations, les valeurs immobilières où la baisse du taux de l'intérêt a sûrement été inférieure à 35 o/o. Voir note 2, page 43.

Conclusion : l'augmentation de rétribution du capital dépasse de plus de 11 o/o celle du travail.

Pour reprendre ici, le dernier mot de la communication de M. Neymarck : à des affirmations sans preuve, voilà ce que répondent les chiffres.

§ 8.

Dans les pays étrangers, nous pouvons faire de semblables constatations.

Nous considérerons d'abord la Belgique dont l'industrie est assez semblable à la notre, et dont les mines, les hauts fourneaux, les fabriques de sucre sont souvent en concurrence avec les nôtres.

D'après le rapport de M. Harzé, inspecteur général des mines de Belgique, sur l'industrie minérale belge en 1895, une somme de 100 francs se serait partagée, de la façon suivante, de 1860 à 1895 entre les différents organes de la production :

Années ou périodes	Frais d'exploitation	Ouvriers	Exploitants (dividendes et charges financières)
1861-1870	38 10	52 30	9 60
1871-1880	37 90	52 80	9 30
1881-1890	38 »	54 70	7 30
1891	33 30	52 20	14 50
1892	38 30	56 40	5 30
1893	39 40	57 10	3 50
1894	38 20	57 60	4 20
1895	37 40	58 30	4 30

Ce tableau, sur lequel M. Cheysson, base de nombreuses démonstrations (1), est suspect, au moins à deux points de vue. D'abord on a pu faire rentrer toutes sortes de dépenses dans la colonne « frais d'exploitation » ; il semble en effet bien inadmissible que les frais généraux soient restés constants, pour une production de 100 francs, car la quantité de tonnes extraites ayant presque triplé entre 1860 et 1895 (2), et le cours de la houille n'ayant en somme qu'assez peu baissé, les frais généraux, avec ces chiffres, auraient en réalité doublé.

En second lieu, on compare des années à des périodes, ce qui est évidemment extrèmement défectueux. En réunissant les cinq années 1891-1895, les chiffres changent : la part de l'ouvrier devient 56 francs 32, celle du patron 6 francs 36 et il est certain que ce dernier chiffre se relèverait considérablement, si on ajoutait les années 1897 et 1898 qui furent très prospères.

Mais prenons les chiffres tels qu'ils sont. Sans doute, la part de l'exploitant est descendue de 9 francs 60 o/o à 6 fr. 36 o/o. mais cela n'implique nullement que son total ait diminué. La valeur produite a en effet presque doublé de 1860 à 1895 (3), ce n'est donc plus dans 100 francs que l'ex-

---

1. Voir notamment les discussions citées à la Société de statistique de Paris. — Sa conférence faite à Amiens sur la crise du revenu et la loi du travail.

2. Production en 1860 : 96 millions de tonnes — en 1889 : 198 millions de tonnes. Block. *L'Europe sociale*, page 208.

3. Elle est passée de 107.128.000 francs en 1860 à 193.357.000 francs en 1895 *Revue socialiste*. Mai 1899).

ploitant va chercher sa rémunération, mais dans une somme sensiblement égale à 200 francs. Sans doute, le capital risqué dans les entreprises minières a dû augmenter depuis trente ans, mais enfin il paraît bien certain (sans qu'il nous soit d'ailleurs possible de fournir aucun chiffre à ce sujet) qu'il est loin d'avoir doublé, il n'y a pas eu de grandes transformations de matériel depuis ces dernières années.

En réalité donc, la part proportionnelle du capital n'a pas du tout été réduite, elle a certainement même augmenté, et elle a dû s'augmenter très considérablement, puisque dans la grève qui vient d'éclater en Belgique (1), les patrons reconnaissent, eux-mêmes, que les ouvriers ont droit à une augmentation de salaire : ce n'est que la question de quotité qui est en jeu (2).

Des rapports patronaux font d'ailleurs eux-mêmes ressortir cette supériorité de la rétribution du capital.

Ainsi dans le rapport général sur la situation de l'industrie métallurgique en 1894 publié par l'Association des

---

1. Grève générale des ouvriers mineurs de 1899.

2. Il nous aurait aussi été très aisé de faire ressortir par des exemples particuliers l'accroissement considérable de la part du capital en Belgique. Ainsi pour les « Mines et Fonderies de zinc de la Vieille-Montagne » dont les usines d'Angleur sont les plus importantes de Belgique, l'action de 1.000 francs émise en 1837 rapporte aujourd'hui 300 francs. Il est évident qu'aucun salaire ne s'est accru dans de semblables proportions. Voir également les bilans de la « *Métallurgique belge* » dans le *Cours d'économie politique*, de V. Pareto, tome II, page 329.

maîtres de Forges de Charleroi (Charleroi chez H. Quinet, 1895) on trouve, page 7, comme première constatation que la productivité de l'ouvrier en fonte a quintuplé de 1845 à 1889 ; or le salaire de 1889 est de 2 francs 77, et le prix de la fonte est très élevé ; si donc, le salaire s'était accru proportionnellement à cette productivité, il faudrait admettre que 45 ans auparavant, il n'était que de 0 franc 554 par jour ; si même le travail avait exactement partagé avec le capital la plus-value provenant de l'augmentation de productivité de l'ouvrier, cela supposerait encore que le salaire n'était en 1845 que de 1 franc 108. Il est vrai que pendant ces cinquante années le matériel, dans l'industrie de la fonte, s'est complètement transformé, et que les capitaux mis en œuvre ont augmenté ; mais en considérant la période 1885-1894 qui n'est marquée par aucune grande modification de l'outillage, les résultats sont semblables. La productivité de l'ouvrier en fonte est passée (1) de 254.781 kilogs en 1884 à 289.870 en 1894, cependant que le prix de la tonne s'élevait de 45 francs 95 à 49 francs 85. de sorte que la valeur produite qui était de 11.707 francs en 1885, devenait 14.450 francs dix ans plus tard. Le salaire qui était de 2 francs 69 en 1885 aurait

donc dû être $\dfrac{2 \text{ fr. } 69 \times 14.450}{11.707} = 3$ francs 33 en 1895. Or il

n'est en réalité que de 2 francs 84 (2), trop faible donc de

---

1. Même rapport. page 8.

2. Le calcul n'est pas tout à fait exact ; en effet, le pouvoir d'acquisition de l'argent ayant diminué, pendant cette période décennale, ce serait à une somme supérieure à 2 francs 69 qu'aurait droit le salarié,

o franc 49. Ces o francs 49, dont s'est trouvé privé l'ouvrier ont dû forcément accroître la part du capital, puisque le prix de l'objet fabriqué a augmenté, et ainsi, tandis que la rétribution du capital s'élevait de o franc 49 par ouvrier, celle du travail ne haussait que de o franc 15. Si l'on songe en outre que les frais généraux ont très probablement diminué, à mesure que l'industrie devenait plus ancienne, on sera bien obligé de conclure que la rémunération du capital a subi en Belgique des plus-values beaucoup plus considérables que celles du travail.

Dans un autre pays concurrent du notre, en Allemagne, l'essor général de l'industrie, à permis d'accroître les dividendes, dans des proportions extrêmement importantes. Ainsi on lit dans le « Staats und Reichs Anzeiger » (journal officiel) du 18 mai 1886 que 103 sociétés par actions, qui rapportaient en 1879, 2 francs 30 o/o ont distribué en 1885 5 francs 30 o/o. L'intérêt avait donc doublé en 7 ans ; il est inutile de faire observer que jamais les salaires ne se sont accrus aussi rapidement.

Voici un autre document, tout récent celui-ci. D'après le dernier rapport de notre consul à Dusseldorf, M. Pingaud (inséré dans le *Moniteur officiel du commerce* du 19

---

si la production en 1894 avait été identique à ce qu'elle avait été en 1885, en supposant toutefois une légère hausse du prix de la houille, afin que la valeur produite restât constante. Il serait intéressant de rechercher si les o francs 15 d'augmentation du salaire, ne représentent pas la compensation de la diminution du pouvoir d'acquisition de l'argent.

janvier 1899), le taux d'intérêt servi aux porteurs d'actions des grandes entreprises d'électricité, en Allemagne. serait supérieur à 10 0/0. Par exemple la « Société générale d'électricité de Berlin » a distribué 15 0/0 de dividende à ses actionnaires, les « Berliner elektrische Werke » ont donné 12 francs 5 0/0, la société Helios de Cologne 11 0/0, la société Lahmeyer de Francfort 10 0/0, la société Schuckert 14 0/0 la société Siemens 16 0/0, et encore a-t-elle prélevé sur ses bénéfices pour divers services, près de six millions de marks ! Si l'on songe que l'industrie électrique est toute récente, que cet accroissement considérable des dividendes s'est produit forcément dans un espace de temps très court, et si l'on se rappelle, d'autre part que les salaires ont mis un demi-siècle pour doubler, on sera bien forcé des reconnaître que la part du capital, s'est augmentée plus rapidement que celle du travail.

Enfin en Angleterre, les résultats de l'income-tax nous permettent de calculer avec une suffisante précision, l'augmentation de richesse du pays. La valeur productive d'un penny de l'income-tax (1/240 de livre) qui etait en 1843 de 19.304.000 francs atteint en 1893 56.525.000 francs (1). Les revenus, en cinquante ans ont donc presque triplé : pen-

---

1. Voici les taux successifs de la productivité d'un penny de l'income-tax.

En 1843. . . . .   19.304.000 fr.
En 1886. . . . .   49.000.000 fr.
En 1892. . . . .   55.360.000 fr.
En 1893. . . . .   56.525.000 fr.

dant ce temps. les salaires ont, au grand maximum, doublé (2) : la situation de l'ouvrier s'est donc moins améliorée
que celle de l'ensemble du pays ; sa misère, par comparaison, est devenue plus grande.

C'est à l'economiste Grounlund (*The cooperative Commonwealth*) que nous empruntons le tableau suivant, où
l'on verra qu'elle a été, aux Etats-Unis, la rétribution de
chacun des deux agents de production entre 1850 et 1880.

Années	Profits et salaires	Salaires	Part pour 100 fr. dans la répartition
1850	2.187.000.000	1.187.000.000	54 0/0
1860	4.025.000.000	1.895.000.000	47 0/0
1870	6.550.000.000	3.100.000.000	47 0/0
1880	9.170.000.000	4.430.000.000	51 2/3 0/0

1. Les calculs de L. Levy déjà cités page 48, n'indiquent pour la
période 1857-1884 qu'une augmentation de 12,75 o/o.

CHAPITRE V

1

Ainsi :

1º Les mouvements de hausse ou de baisse des salaires et du taux de l'intérêt ont pu se produire simultanément ;

2º La part prise par le capital n'a pas en réalité diminué : au contraire, elle a augmenté, et plus rapidement que celle du travail.

3º La baisse du taux de l'intérêt n'a donc eu aucune influence directe sur les salaires ; il n'y a entre eux aucun lien de connexité, et il n'y a pas, par suite, à en espérer je ne sais quelle loi de renovation sociale, faisant régner la paix et la concorde dans la société future.

§ 1.

Si même une telle baisse du taux de l'intérêt venait à persister, elle serait à redouter pour les salariés ; car il

Cahen   8

arriverait en effet un jour où les capitaux effarouchés se cacheraient, se refuseraient à courir le moindre risque, si bien que de nouvelles industries ne pourraient plus se fonder; alors l'offre de travail deviendrait vite très supérieure à la demande, entraînant un avilissement du prix de la main-d'œuvre : voilà peut-être l'avenir que nous réserverait la loi de la décroissance progressive du taux de l'intérêt.

Dans le présent déjà, l'abaissement du loyer de l'argent, loin d'avoir favorisé les classes ouvrières les a, au contraire, atteintes, et assez gravement, en obligeant les caisses de retraites à réduire leurs allocations. Ainsi la « Caisse nationale des retraites pour la vieillesse » ne sert plus que 3 francs 50 o/o depuis 1886 (1) et il est aisé de se rendre compte combien cet abaissement est préjudiciable à la formation des retraites. Un versement annuel de 50 francs par exemple, pendant 30 ans, de 25 à 55 ans donne droit à une rente de 410 francs avec le taux de 5 o/o et seulement de 270 francs avec le taux de 3 $\frac{1}{2}$ o/o (2). De même pour obtenir une rente de 360 francs (soit le minimum indispensable de 1 franc par jour) à 55 ans, il faut une économie annuelle de 41 francs avec le taux de 5 o/o, de 67 francs 35 (3) avec celui de 3 $\frac{1}{2}$ o/o. Si l'on se rappelle que le salaire moyen annuel est inférieur à 1.050 francs,

---

1. Décret du 29 décembre 1898.
2. Ces chiffres sont empruntés à M. Cheysson (Article cité de la *Revue politique et parlementaire*, page 323).
3. Ce dernier chiffre est celui indiqué par les publications officielles de la caisse des retraites.

on voit que la retenue qui s'impose au taux de 5 o/o est de 39 o/o alors qu'elle s'élève à 64 o/o au taux de 3 o/o (1). On peut juger par là de l'émotion qu'a dû produire dans les classes ouvrières le vote de la loi du 20 juillet 1886 (2).

§ 2.

Voici donc le résultat final auquel nous arrivons :

La baisse du taux de l'intérêt a eu, dans le passé, une influence néfaste sur la rétribution de l'ouvrier, mais la rémunération de l'agent de production « capital » n'a nullement été diminuée. Alors qu'elle aurait, tout au plus, dû suivre une marche parallèle à celle du travail, alors même, qu'en équité pure, elle aurait dû rester stationnaire, elle n'a pas, en fait, cessé de s'accroître et plus rapidement que celle du travail.

Il y a là quelque chose de contraire à la justice, de con-

---

1. On se rendra très bien compte de ces variations, par la courbe qu'en a tracée M. Cheysson dans son rapport sur les *Institutions patronales*, (chapitre IV, § 7, page 414 du tome II, des *Rapports du groupe d'économie sociale*).

2. La loi du 5 avril 1898 qui règle l'organisation des sociétés de secours mutuels, accorde à celles qui seront approuvées ou reconnues d'utilité publique, l'intérêt de 4 1/2 o/o, prévu par le décret-loi de 1852 pour les fonds déposés à la Caisse des dépôts et consignations. Des allocations spéciales, inscrites au budget doivent rembourser à la Caisse la différence entre les revenus calculés sur ce taux, et ceux calculés sur le taux servi par la Caisse nationale des retraites pour la vieillesse.

traire aussi à la pacification des classes sociales. Si la part du capital, en effet, s'élève plus vite que celle du travail, la distance qui sépare le patron de l'ouvrier, le capitaliste du prolétaire ira toujours en s'agrandissant ; les haines s'accentueront, elles aussi ; l'ouvrier par comparaison, trouvera toujours sa situation plus misérable, ses plaintes se multiplieront, et il répétera avec Karl Marx (1) que les lois actuelles n'ont eu pour résultat, que d'accumuler à un pôle toute la richesse et à l'autre toute la pauvreté, toute la misère, toute la dégradation morale.

II

Il est donc profondément injuste que la rétribution du capital s'accroisse ainsi plus rapidement que celle du travail ; il est de même assez peu légitime que la baisse du taux de l'intérêt, n'ait eu aucune heureuse influence sur le salaire. Il y a là, en effet, certainement une source de bénéfices, soit directement, par conversions, soit indirectement, par l'impulsion que donnent aux affaires l'abaissement du taux de l'escompte (2) ou la possibilité de grouper des capi-

---

1. Cité par Benoît-Malon. *Le Socialisme intégral*, (tome II, page 189).

1. Qui d'ailleurs, comme l'a fait remarquer M. des Essarts à la Société d'économie politique (séance du 5 janvier 1899) et comme il nous l'a prouvé à nous-mêmes, ne suit pas forcément les variations du taux de l'intérêt.

taux plus considérables, et de faire ainsi de la production en grand, partant plus écomique.

Pourtant, cette étude le prouve, le travail n'en a pas profité ; il y a donc là certainement un mal : il faut, pour en trouver le remède, en déterminer les causes.

Ces causes tiennent à l'organisation du salariat actuel.

Le travail, aujourd'hui, ne concourt pas comme associé, dans la répartition, il n'est considéré que comme une marchandise ayant son cours, plus ou moins estimée suivant sa qualité ou sa rareté, il n'est, entre les mains du patron, qu'un instrument, tout comme la machine qu'il dirige ou l'outil dont il se sert.

Il est, cependant, bien certain que travail et capital sont aussi utiles, aussi nécessaires l'un que l'autre à la production (1). Sans doute, l'ouvrier a l'avantage d'avoir un revenu assuré, immédiat, indépendant des risques de l'entreprise : mais outre que cet avantage n'est pas certain, nous l'avons montré (2), ne le paie-t-il pas trop cher, par ce désintéressement qu'on lui impose de tout droit sur le profit de son travail ?

---

1. Assurément le travail est même plus indispensable à la production que le capital : une machine, sans bras pour la mouvoir, ou la surveiller est absolument incapable de produire quoi que ce soit : tandis que l'ouvrier, abandonné à lui-même, pourra toujours faire un emploi utile de ses bras. (Voir l'observation déjà faite à ce sujet, page 85 en note).

2. Voir pages 6, 86 et suivantes.

Le remède consisterait donc à trouver un moyen de lui assurer les avantages du salaire, sans, pour cela le faire renoncer à sa part dans les bénéfices. Or ce moyen existe, c'est la participation aux bénéfices, et c'est surtout la coopérative de production.

Nous n'avons certes pas l'intention d'étudier ici ni l'une ni l'autre de ces institutions : nous nous contenterons d'en faire ressortir les avantages, au point de vue tout à fait limité de l'étude que nous avons entreprise.

III

§ I.

Le salariat n'est supprimé ni dans les coopératives, ni dans le système de la participation aux bénéfices, mais, en fin d'année, le bénéfice, s'il y en a, au lieu d'aller au capital seul, est réparti entre les différents agents de la production : même dans les coopératives bien organisées, la part du capital reste constante (1), ce qui, nous l'avons vu est conforme à la justice pure. En appliquant ces remèdes, l'accaparement par le capital de la plus grosse partie des

---

1. Dans le projet type de statuts pour associations ouvrières de production, adopté par la Chambre consultative de ces associations (publié dans l'*Enquête de l'Office du travail* sur les associations, de production, page 95), il est dit, titre II, article 7 : « Le capital social aura droit à un intérêt *fixe* de 5 o/o ».

fruits de la production cesserait, et l'on ne verrait plus transportée dans le domaine économique, cette loi du monde physique qui veut qu'une masse ait un pouvoir d'attraction d'autant plus grand, qu'elle est plus considérable.

A ces moyens on objecte que si le capital abandonnait toute sa rétribution au travail, le salaire n'en recevrait qu'en accroissement infinitésimal, un bock de bière par ouvrier et par jour, affirmait M. Pernolet à la Chambre des députés (1).

Pourtant l'Office du travail dans son enquête sur les associations ouvrières de production (qu'on ne saurait certes taxer de partialité en faveur des coopératives) arrive à cette conclusion que le salaire moyen annuel est de 1.280 francs dans les coopératives et les sociétés où existe la participation aux bénéfices, alors qu'il n'est que de 1.080 francs avec le contrat de travail ordinaire (2). Deux cents francs de différence, par an : nous sommes loin des 300 bocks de bière de M. Pernolet ! Cette différence serait plus considérable, si nous ne prenions que le salaire moyen des associés : ce dernier est en effet supérieur à 1.410 francs soit plus élevé d'environ 1 franc 15 par jour, que dans l'industrie purement patronale. Le salaire des auxiliaires lui est, de 1.160 francs quatre-vingts francs de plus (0 franc 26 par jour) que dans

1. Cité par l'*Economiste français* du 3 avril 1896.
2. *Office du travail*. Enquête sur les associations ouvrières de production, page 553.

les entreprises où il n'y a ni coopérative ni participation aux bénéfices.

Et ces résultats seraient bien plus accentués encore, si la coopérative n'en était pas à ses débuts, avec tous les tâtonnements qu'exigent des essais. Actuellement, il n'y a que 100 sociétés sur 172 (1) qui aient pu répartir des gains ; de plus, il faut créer des fonds de réserve: le plus souvent aussi on essaie de fonder des caisses de secours ou de retraites, qui absorbent une grande partie des bénéfices. Mais on peut prévoir le moment où toutes les plus-values profiteront à la fois au capital et au travail, et, ne s'agirait-il alors que d'un bock de bière par jour, il n'en serait pas moins exact de dire que la situation de l'ouvrier s'est améliorée, qu'en tous cas elle est conforme à la justice et à l'équité. Cela vaut toujours mieux que de refuser toute aide au travail, sous prétexte qu'on ne pourrait assez faire pour lui, que de s'enfermer dans des théories trop volontairement optimistes et peut-être un peu égoïstes.

§ 2.

D'ailleurs de semblables théories sont dangereuses : Voici à peu près un siècle que le développement du machi-

1. Office du travail. *Enquête sur les associations ouvrières de production*, page 554.

nisme (1) et la suppression des anciennes corporations (2) ont créé le régime du prolétariat moderne, et déjà, la lutte entre patrons et salariés arrive à une période aiguë. Les ouvriers, voyant que leur travail incessant, parfois de père en fils dans une même industrie, ne servait qu'à enrichir une classe, sans que leur pauvreté à eux, diminuât, commencent, aujourd'hui, à avoir conscience de leur force, à s'organiser, à réclamer une rémunération plus juste et moins parcimonieuse : ils demandent leur part légitime dans la moisson qu'ils ont semée, dans les richesses qu'ils ont créées (3). — En 1897 52 o/o des grèves ont été faites pour réclamer une hausse des salaires (4).

---

1. C'est de 1768 que date le brevet pris par Arkwright, pour le premier métier ; il est vrai que d'après une controverse récente, l'invention de la « mule-Jenny » serait plus ancienne ; elle aurait été faite par un nommé Thomas Higs auquel Arkwright, qui était un ancien garçon barbier, aurait volé sa découverte.

2. Décret du 2 mars 1791. Complété par le titre préliminaire de la Constitution du 3 septembre 1791, et par le décret du 14 juin 1791.

3. Voici comment s'exprime à ce sujet un appel des socialistes allemands (extrait du *Neuer Socialdemocrat* 1874).

« Du berceau à la tombe tu peines sans relâche, peuple de travailleurs, tu accumules des aliments, tu accumules des trésors, et par toi, la terre devient une vaste ruche... Prolétaires, voulez-vous, au lieu de vous défendre en hommes, vous jeter, en esclaves plein d'humilité, dans la poussière, et vous laisser écraser par l'adversité... ? La moisson que vous avez semée, un autre la récolte ! Les trésors que vous créez, un autre les recueille ! Les vêtements que vous tissez, un autre les porte ! Les armes que vous forgez, un autre vous les enfonce dans la poitrine ! »

4. *Bulletin de l'Office du travail* de mai 1898, page 373.

Et cependant toute une école trouve néanmoins qu'il faut laisser faire, que la situation telle qu'elle est aujourd'hui est légitime, et que l'avenir nous prépare, grâce à la baisse du taux de l'intérêt, la fusion de toutes les classes, la paix sociale !

IV

§ I.

Cet avenir, que doit-il être, il est bien difficile d'en rien augurer.

La baisse du taux de l'intérêt se continuera-t-elle ? C'est peu probable. Il y a là un accident social, soumis à toute une série de causes extérieures, s'élevant et s'abaissant tour à tour, n'atteignant une limite extrême que pour subir aussitôt une tendance contraire. Fonder sur lui une espérance, c'est courir au devant d'une désillusion certaine.

Quant au salaire, il ne semble guère douteux qu'il ne doive continuer à s'accroître, que les causes qui le poussent à s'élever, ne continuent à agir sur lui. Mais comme la part de l'ouvrier augmentera moins que celle du capital, sa situation, par comparaison lui paraîtra toujours plus misérable, son sort plus malheureux.

D'ailleurs, tant qu'on aura pas modifié l'organisation du travail, l'ouvrier ne saurait profiter de l'abaissement du loyer de l'argent, pas plus que de toutes les autres causes de plus-values : ce qu'il faut donc souhaiter, pour l'avenir qui se prépare, c'est une amélioration de la situation de l'ouvrier, par la participation aux bénéfices, et surtout par la coopérative. Déjà les patrons eux-mêmes le reconnaissent. Au congrès métallurgique de New-York et de Pitsburg de 1890 (1). M. Hewit, ancien maire de New-York « insiste sur la nécessité d'accorder à l'ouvrier une part dans les bénéfices, non pas à titre de don, mais à titre de droit, en l'associant au capital comme actionnaire ».

§ 2.

On a proposé, il est vrai, un autre moyen (2) pour mettre un frein à cette progression trop rapide du capital, pour rétablir l'équilibre entre les accroissements du capital et ceux du travail. Certains économistes veulent, en effet, rejeter sur les patrons la plupart des impôts et dégrever, au contraire les travailleurs, dans la plus large mesure possible (3). Nous ne saurions repousser avec assez de force ces

---

1. *Génie civil*, tome XVIII, page 250.

2. Nous ne disons rien ici de la théorie collectiviste, (que nous repoussons également de toute notre énergie) parce que l'organisation de la société qu'elle désire, n'a pas encore été exposée d'une façon suffisamment nette. Voir pourtant, Schœffle « *Quintessence du collectivisme* »; Bellamy, « *Seul de mon siècle* » (traduit en français) et les articles de Jaurès et Renard dans la *Revue socialiste*.

3. C'est un des buts que poursuit la Fabian-Society. Voir à ce sujet l'article de Sydney Webb dans la *Revue de Paris* du 1er mars 1896, page 135.

doctrines ; sans doute, il serait désirable que les objets dits de première nécessité fussent exempts d'impôts, sans doute, théoriquement, l'impôt doit être basé sur les revenus, et pourrait être progressif. Mais outre qu'il serait dangereux de toucher à un système, qui, comme chez nous, produit sans effort des sommes considérables, de quel droit ferait-on *tout* supporter aux uns et *rien* aux autres ? la justice est une pour tous, et tous les citoyens, profitant également de l'État (1) doivent concourir à ses dépenses dans la mesure de leurs moyens.

§ 3.

« L'ennemi, c'est le maître », dit le proverbe ; or, ici le maître de l'ouvrier c'est le patron, et c'est lui aussi qui est l'ennemi du travail qu'il tient à sa discrétion : de là est née la question sociale. Mais du jour ou, capital et travail vivront, comme il est nécessaire et juste, en bonne harmonie, du jour où l'un et l'autre seront de vrais associés, où le contrat de travail ne sera plus un vain mot, il n'y aura

---

1. Les classes pauvres en profitent peut-être davantage : assistance sous toutes ses formes, lois protectrices du travail, promenades publiques, réjouissances gratuites, etc...

plus de maîtres (1) et par conséquent plus d'ennemis (2).

Dans *Germinal*, le vieil ouvrier Maheu répond à Etienne qui lui demande à qui appartiennent, toutes les usines, tous les puits qu'il aperçoit (3) » « A qui tout ça ? On n'en sait rien, à des gens ». Et de la main il désignait dans l'ombre un point vague, un lieu ignoré et reculé, peuplé de ces gens pour qui les Maheu tapaient à la veine depuis plus d'un siècle. La voix avait pris une sorte de peur religieuse. C'était comme s'il eut parlé d'un tabernacle inaccessible, où se cachait le dieu repu et inaccessible auquel ils donnaient tous leur chair et qu'ils n'avaient jamais vu. »

Il est bien permis d'espérer qu'un jour « tout ça » appar-

---

1. Ce qui ne veut pas dire qu'il n'y aura plus de direction, que l'oligarchie la plus complète règnera, ce qui serait absurde. A Guise par exemple, dont la coopérative de production a servi en général de type, il y a des administrateurs, et qui touchent des appointements fort élevés. De même, les statuts types adoptés par la Chambre consultative des associations de production prévoient (titre IV, art. 15) un conseil d'administration.

2. Ainsi l'appel lancé pour les élections municipales de 1884 par le parti socialiste révolutionnaire porte :

« Considérant,

.... « Que l'assujettissement des travailleurs aux détenteurs du capital est la source de toute servitude politique, morale, et matérielle.

.... « Que pour cette raison l'émancipation économique des travailleurs est le grand but auquel doit-être subordonné tout mouvement politique... »

3. Emile Zola. *Germinal*, page 11.

tiendra, au moins en partie, à ceux qui produisent, que cet assujettissement du travail cessera, que cette crainte religieuse se dissipera et qu'on trouvera enfin quelque moyen de donner à ces deux agents indispensables de toute production industrielle, le sentiment de leur solidarité.

Vu :

Le président de la thèse,

CH. GIDE.

Vu :

Le Doyen,

GLASSON.

VU ET PERMIS D'IMPRIMER :

Le Vice-Recteur de l'Académie de Paris,

GRÉARD.

APPENDICE

Dans les tableaux qui suivent (1) nous donnons les taux d'émission, prix en Bourse, derniers dividendes connus, intérêts, des actions et obligations des principales sociétés. Pour cela nous avons pris les chiffres officiels, publiés par les agents de change de Paris ou de la province, parfois même de l'étranger. Quant à la nomenclature des entreprises, nous l'avons établie, en prenant indistinctement toutes les principales sociétés, ayant plus ou moins un caractère industriel, et dont les valeurs sont cotées en Bourse ou en Banque.

Ces tableaux ne comprennent que 130 sociétés, environ ; nous sommes loin, évidemment des 2957 établissements (sans les entreprises de transport) enquêtés par l'*Office du Travail*, en 1893 ; les chiffres que nous obtiendrons ne

---

1. Ces tableaux se distinguent de ceux cités au cours de cette étude :

1° En ce qu'ils ne donnent, le plus souvent, que des indications.

2. En ce qu'ils ont un caractère plus général.

pourront donc être considérés que comme une indication : il nous a paru, pourtant intéressant, de dresser ces tableaux qui croyons-nous n'existent nulle part.

ACTIONS

TABLEAU I. — *Chemins de fer Français (Actions)* (1).

Noms des Compagnies	Taux d'émission des actions	Cours moyen de l'année 1897	Dernier dividende connu	Observations
	fr.	fr.	fr.	
Est..................	500	1.053 »	35 50	
Midi.................	500	1.375 14	50 »	
Nord................	400	1.944 »	64 »	
Orléans.............	500	1.764 85	58 50	
Ouest...............	500	1.165 85	38 50	
P.-L.-M.............	500	1.757	56 »	
Bouches-du-Rhône (Régionaux des)..	500	549 44	24 30	
Bouches-du-Rhône (Société nouvelle)	500	591 03	27 08	
Caen à la Mer.......	500	Pas de cours	»	
Départementaux.....	250	688 18	47 50	L'action est de 500 fr. mais n'est libérée que de 250 fr.
Économiques........	175	Pas de cours	10 50	L'action est de 500 fr. libérée seulement de 175 fr.
Landes..............	450	600 »	22 50	Action de 500 fr. libérée de 450 fr.
Lyon à la Croix-Rousse...	500	472 92	20 »	
Médoc...............	500	357 89	» »	
St-Etienne, Rive de Giers et extensions.	500	573 39	25 »	
Sud de la France....	500	300 »	12 »	
Voies ferrées économiques....	500	817 67	35 »	
Total...............	7.775	14.009 51	496 38	Intérêts annuels calculés. 1° Sur la valeur d'émission : 6 fr. 38 0/0. 2° Sur la valeur au Cours de la Bourse 3 fr. 54 0/0.

1. Dans ce tableau ne figurent pas les Chemins de fer de Grande ceinture non plus que les Chemins de fer de l'Est de Lyon qui n'ont pas d'actions spéciales cotées. On a également omis la Compagnie du chemin de fer d'intérêt local de l'Hérault, en faillite depuis 1884.

Cahen

9

TABLEAU II. — *Chemins de fer de l'Algérie et des Colonies* (1).

Noms des Compagnies	Taux d'émission des actions	Cours moyen de l'année 1897	Dernier dividende connu	Observations
	fr.	fr.	fr.	
Bône-Guelma..............	500	796 »	30 »	L'action est remboursable à 600 fr.
Est-Algérien.............	500	713 »	27 50	L'action est remboursable à 600 fr.
Ouest-Algérien..........	500	677 »	25 »	L'action est remboursable à 600 fr.
Colonies françaises (chemins de fer garantis des)....	500	690 67	30 »	L'action est remboursable à 600 fr.
Dakar à Saint-Louis......	500	722 98	29 60	
Compagnie des wagons-lits........	500	616 43	32 50	L'action est remboursable à 650 fr.
Total..............	3.000	4.215 78	174 60	Intérêts annuels calculés : 1° Sur le taux d'émission : 5,82 0/0. 2° Sur le cours de la Bourse : 4,14 0/0.

1. Ne figure pas sur ce tableau la Compagnie franco-algérienne qui n'a pas d'actions cotées.

TABLEAU III. — *Fonderies, Forges et Hauts-Fourneaux* (1).

Noms des Compagnies	Taux d'émission des actions	Cours moyen de l'année 1897	Dernier dividende connu	Observations
	fr.	fr.	fr.	
Aciéries de France..................	500	749 77	36 84	
Aciéries Hts-Fourn. et Forges de Trignac.	500	496 30	25 »	
Ateliers et chantiers de la Loire......	500	594 83	32 50	
Chantiers et ateliers de la Gironde.....	500	561 33	30 »	
Forges de Châtillon Commentry et Neuves-Maisons..................	500	823 95	35 »	Le cours a été calculé sur la moyenne des deux Bourses de Paris et de Lyon.
Société de Commentry-Fourchambault..	500	770 57	33 »	Id
Société de travaux Hyde et Baratau......	500	681 48	40 »	
Etablissements Decauville............	100	407 18	5 »	L'action a été ramenée à 100 fr. en 1897.
Sté de construction de Levallois Perret.	500	344 41	45 »	
Compagnie de Fives-Lille.............	500	823 47	35 »	
Forges et aciéries du Nord et de l'Est...	500	1.163 94	50 »	
Forges et chantiers de la Méditerranée..	500	652 71	30 »	
Hauts-fourneaux, forges et aciéries de la marine et des chemins de fer......	500	1.447 55	50 »	
Hauts-fourneaux, forges et aciéries de Denain et d'Anzin..........	500	583 48	25 »	
Schneider et Cie..................	360	2.042 59	75 »	
Cie française du matériel des ch. de fer.	500	300 49	40 »	
Société de Vezin Aulnoye............	500	917 50	50 »	
Mines et fonderies de la Vieille Montagne.	100	732 50	30 »	
Compagnie des métaux.............	500	660 93	30 »	
Cie auxiliaire des chemins de fer et travaux publics...............	500	40 »	» »	
Total...........	9.060	14.164 70	639 34	Intérêt annuel calculé. 1° Sur le taux d'émission : 7 fr. 05 0/0. 2° Sur le cours en Bourse : 4,51 0/0.

1. Dans ce tableau ne figurent pas les établissements Cail ni la Société métallurgique de l'Ariège qui n'ont pas de titres en circulation, non plus que les Forges d'Alais où les apports ont été constitués en mines, terres, etc.

TABLEAU IV. — *Mines françaises* (1).

Noms des Compagnies	Taux d'émission des actions	Cours moyen de l'année 1897	Dernier dividende connu	Observations
	fr.	fr.	fr.	
Mines de Blanzy................	500	1.853 40	80 »	Le cours a été calculé sur les moyennes des 2 Bourses de Lyon et de Lille.
Mines de Bruay.................	400	28.432 01	900 »	
Mines de Compagnac...........	1.000	887 56	40 »	
Mines de Courrières...........	100	1.755 58	60 »	
Compagnie de Douchy...........	200	920 19	40 »	
Mines de Drocourt.............	1.000	2.750 »	100 »	Le cours indiqué ici est celui du 2 novembre 1898. Dividende net de l'impôt de 4 0/0 sur le revenu.
Mines de la Grand'Combe......	250	987 85	20 »	L'action est de 1.000 fr. sur lesquels il n'a été appelé que 300 fr.
Mines de Lens.................	300	44.100 »	1.450 »	
Mines de l'Escarpelle.........	100	839 »	13 »	Dividende net de tout impôt.
Mines de Liévin..............	1.000	19.700 »	400 »	
Mines de la Loire............	100	482 34	1 50	Le cours indiqué est celui du 2 novembre 1898.
Mines de Mourchin...........	500	9.745 »	375 »	L'action est de 1000 fr. sur lesquels il n'a été appelé que 600 fr.
Mines de Vicoigne et Nœux....	600	23.800 »	750 »	
Total..............	6.000	435.982 93	3.929 50	Intérêt annuel calculé. 1° Sur le taux d'émission : 65,49 0/0. 2° Sur le cours de la Bourse : 2,80 0/0.

1. Dans ce tableau ne figurent pas les Mines d'Aniche, d'Anzin, de Béthune de Carmaux de Marles et les Houillières et Chemin de fer d'Epinac parce que les premiers apports ont été faits en nature. Les mines d'Ostricourt ont été également omises, parce que nous n'avons pu nous procurer, ni les cours, ni les dividendes de 1897. Il en est de même pour les mines de Carvin cotées à Lille. Enfin nous n'avons pas fait mention des mines de Fresnes qui ne peuvent distribuer aucun dividende avant d'avoir remboursé à l'Etat une somme de 1.376.914 fr. 40.

TABLEAU V. — *Compagnies cotées en France exploitant des mines à l'Étranger ou dans les colonies françaises.*

Noms des Compagnies	Taux d'émission des actions	Cours moyen de l'année 1897	Dernier dividende connu	Observations
	fr.	fr.	fr.	
Mines de cuivre d'Aguas Tenidas......	500	93 27	»	Dividende net d'impôt.
Compagnie d'Aguilas.............	500	155 24	»	
Houillères de Dombrowa...........	500	591 18	12 50	
Mines et usines d'Escombrera-Bleyberg.	500	638 57	50 »	
Cie Française des mines d'or et d'exploration...........	400	414 80	5 50	
Mines du Laurium..............	500	682 92	30 »	
Mines de Mal.dano............	250	1.033 84	40 »	
Minerai de fer magnétique de Mokta-el-Hadid..............	500	786 »	40 »	
Le Nickel...............	250	228 »	»	
Société de Peñarroya.........	500	1.850 71	85 »	
Rio Tinto..........	125	452 19	47 70	
Gisements d'or de St-Elie (Guyane française).......	500	61 16	»	
Minerais de fer de Krivoï-Rog......	500	890 36	35	
Total........	5.225	7.280 24	345 70	Intérêt annuel calculé 1° Sur le taux d'émission : 6,61 0/0. 2° Sur la valeur en Bourse : 4,74 0/0.

TABLEAU VI. — *Transports par terre et par eau et entreprises s'y rattachant* (1).

Noms des Compagnies	Taux d'émission des actions	Cours moyen de l'année 1897	Dernier dividende connu	Observations
	fr.	fr.	fr.	
Cie générale des omnibus de Paris	500	1.494 »	65 »	
Compagnie générale des voitures à Paris	500	693 01	28 80	
Cie générale française des tramways	500	610 36	25 »	
Cie des tramways de Paris et de la Seine	500	608 62	12 50	
Cie générale parisienne des tramways	500	Pas de cours en 1897	34 20	
Cie du tramway à vapeur de Paris à St-Germain	500	Pas de cours en 1897	»	
Cie des omnibus et tramways de Lyon	500	1.302 90	40 »	
Cie générale des bateaux parisiens	500	810 09	25 »	
Cie universelle du canal de Suez	500	3.233 »	97 62	
Sté Hellénique du canal de Corinthe	500	34 37	»	
Chargeurs réunis	500	1.496 36	60 »	
Cie Havraise de navigation à vapeur	500	345 73	25 »	
Compagnie des Messageries Maritimes	500	726 86	25 »	
Compagnie générale de navigation	500	454 83	15 »	
Compagnie de navigation mixte	500	364 62	»	
Compagnie générale transatlantique	500	369 37	45 »	
Société générale des transports maritimes à vapeur	500	586 82	30 »	

TABLEAU VI. — (Suite).

Noms des Compagnies	Taux d'émission des actions	Cours moyens de l'année 1897	Dernier dividende connu	Observations
Cie des Docks et entrepôts du Havre....	fr. 500	fr. 704 11	fr. 40 »	Le cours indiqué est celui du 2 nov. 1898.
— de Marseille...	500	435 53	18 »	
— de Rouen....	250	336 50	2 50	
Compagnie des entrepôts et magasins généraux de Paris....	500	678 75	28 50 »	Le cours indiqué est celui du 2 nov. 1898.
Cie des bateaux à vapeur du Nord.......	500	545 »	25 » »	
Cie marseillaise Fraissinet et Cie.......	500	432 99	25 » »	
Total...........	11.250	16.430 84	637 12	Taux d'intérêt calculé 1° Sur le taux d'émission : 5,88 0/0. 2° Sur la valeur au cours de la Bourse : 3,66 0/0.

(1) Dans ce tableau ne figurent pas : 1° La Société anonyme des Messageries nationales dont les actions ne sont pas cotées ; 2° La Compagnie industrielle de traction pour la France et l'étranger et la Compagnie générale de traction qui n'ont été constituées qu'en 1897.

TABLEAU VII. — *Eau. Gaz. Electricité* (1).

Noms des Compagnies	Taux d'émission des actions	Cours moyen de l'année 1897	Dernier dividende connu	Observations
	fr.	fr.	fr.	
Compagnie générale des eaux	500	2.044 »	68 »	
Cie gén. des eaux pour l'étranger.......	500	310 36	40 »	
Compagnie parisienne d'éclairage et de chauffage par le gaz...........	250	1.135 56	62 »	
Compagnie centrale d'éclairage par le gaz (E. Lebon et Cie).	500	1.432 45	60 »	
Compagnie Française d'éclairage et de chauffage par le gaz.	500	800 14	40 »	
Compagnie générale (Belge) pour l'éclairage et de chauffage par le gaz.	500	1.407 50	47 50	
Cie générale et continentale d'éclairage..	500	305 86	7 50	
Compagnie générale du gaz pour la France et l'étranger............	300	679 77	32 50	
Compagnie gaz et eau.............	300	596 43	27 50	
Sté Lyonnaise des eaux et de l'éclairage.	500	560 36	25 »	
Société anonyme de l'éclairage au gaz et des Hauts-Fourneaux et Fonderies de Marseille et des mines de Portes et Sénéchas	600	1.479 71	50 »	
Compagnie du gaz de Bordeaux........	500	1.033 15	90 »	
Société générale du gaz de Paris	500	427 44	22 »	
Union des gaz.	500	1.515 87	70 »	

TABLEAU VII. — (Suite).

Noms des Compagnies	Taux d'émission des actions fr.	Cours moyen de l'année 1897 fr.	Dernier dividende connu fr.	Observations
Usines à gaz du Nord et de l'Est......	500	607 97	30	
Cie Française des câbles télégraphiques.	250	157 46	»	
Compagnie continentale Edison........	500	747 19	30	
Société industrielle des téléphones	300	264 06	45	
Compagnie pour la fabrication des compteurs et matériel d'usines à gaz.....	250	1.496 91	60	
Cie pour l'exploitation des procédés Thomson-Houston...........	500	1.114 64	50	
Total...............	9.150	48.446 50	797	Taux d'intérêt calculé : 1° sur le taux d'émission : 8,71 0/0. 2° sur la valeur en Bourse : 4,32 0/10.

(1) Un certain nombre de sociétés ne figurent pas dans ce tableau, à cause de la date trop récente de leur formation. Nous citerons par exemple : la Compagnie générale d'électricité, la Société Franco-Suisse pour l'industrie électrique, la Société des accumulateurs électriques, celle des voitures électro-mobiles.

TABLEAU VIII. — *Entreprises diverses* (1).

Noms des Compagnies	Taux d'émission des actions	Cours moyen de l'année 1897	Dernier dividende connu	Observations
	fr.	fr.	fr.	
Bénédictine de Fécamp..........	500	3.801 02	140 »	Le cours indiqué est celui du 2 novembre 1898.
Grande distillerie Cusenier......	500	806 37	42 50	
Société centrale des Briqueteries de Vaugirard............	500	300 »	45 »	
Société des ciments Français......	500	472 44	27 »	
Société centrale de dynamite......	500	469 21	20 »	
Société anonyme de produits chimiques.	500	496 62	25 »	
Sels gemmes et Houilles de la Russie méridionale........	500	589 97	12 50	
Grands moulins de Corbeil........	500	329 62	»	
Société des matières colorantes et produits chimiques de St-Denis......	500	345 »	22 50	
Verreries et manufacture de glaces d'Aniche................	500	800 »	40 »	
Comptoir de l'industrie linière......	500	685 36	37 »	
Sté cotonnière de St-Etienne-du-Rouvray.	500	633 »	10 »	
Cie industrielle des procédés Raoul-Pictet.	225	360 94	18 »	
Total..........	6.225	10.409 91	409 50	Taux d'intérêt calculé 1° sur le taux d'émission : 6,57 0/0. 2° sur la valeur en Bourse : 4,05 0/0.

1. Nous n'avons pu faire figurer dans ce tableau les manufactures des glaces de St-Gobain, ni la société des anciennes salines domaniales de l'Est parce que les apports ont été faits en nature ; faute de renseignements, ou par suite de la date trop récente de leur formation, nous avons été obligés d'omettre un assez grand nombre d'entreprises.

TABLEAU IX. — *Récapitulation des huit tableaux précédents.*

Indication des tableaux	Total, par tableau, de la valeur des actions calculée sur le prix d'émission	Total, par tableau, de la valeur des actions calculée sur le cours de la Bourse (année 1897)	Valeur totale par tableau, des dividendes distribués	Nombre d'entreprises considérées dans chaque tableau	Taux d'intérêt calculé	
					1° sur le prix d'émission	2° sur la valeur en Bourse
	fr.	fr.	fr.	fr.	fr.	fr.
Tab. I. Ch. de fer Français..	7.775	14.009 51	496 38	17	6 38 0/0	3 54 0/0
Tab. II. Ch. de fer de l'Algérie et des colonies....	3.000	4.245 78	174 60	6	5 82 0/0	4 14 0/0
Tab. III. Fonderies. Forges. Hauts Fourneaux.....	9.060	14.464 70	639 34	20	7 05 0/0	4 51 0/0
Tab. IV. Mines françaises...	6.000	135.952 93	3.929 50	13	65 49 0/0	2 89 0/0
Tab. V. Mines exploitées à l'étranger ou dans les colonies mais dont les actions sont cotées en France....	5.225	7.280 24	345 70	13	6 64 0/0	4 74 0/0
Tab. VI. Transport par terre et par eau, et entreprises s'y rattachant...	14.250	16.430 84	637 12	23	5 88 0/0	3 66 0/0
Tab. VII. Eau. Gaz. Elect...	9.150	18.416 50	797 »	20	8 71 0/0	4 32 0/0
Tab. VIII. Entreprises diverses..........	6.225	10.409 55	409 50	13	6 57 0/0	4 05 0/0
Total (1)...........	57.685	220.577 05	7.429 14	125	42 87 0/0	3 36 0/0

(1) En supprimant le tab. IV, où la différence entre les deux taux est très considérable, les résultats deviennent : 1° Intérêt calculé sur le prix d'émission : 6,76 0/0 ; 2° Intérêt calculé sur la valeur en Bourse : 4,13 0/0.

OBLIGATIONS

TABLEAU X. — *1º Compagnie de l'Est.*

Années	Intérêt 25 fr. (Oblig. 5 0/0) Cours moyen	Intérêt 15 fr. (Oblig. 3 0/0 anciennes) Cours moyen	Intérêt 15 fr. (Oblig. 3 0/0 nouveau) Cours moyen	Intérêt 12 fr.50 (Oblig. 2 1/2 0/0) Cours moyen	Taux moyen d'intérêt
	fr.	fr.	fr.	fr.	fr.
1859	475 29	268 60			5 37 0/0
1869	526 29	332 80			4 65 0/0
1879	593 22	376 99	375 73		4 08 0/0
1889	617 87	402 72	399 85		3 87 0/0
1897	684 59	481 54	481 80	457 18	3 20 0/0

TABLEAU XI. — *2º Compagnie du Midi.*

Années	Intérêt 15 fr. (Oblig. 3 0/0 anciennes) Cours moyen	Intérêt 15 fr. (Oblig. 3 0/0 nouvelles) Cours moyen	Intérêt 12 fr. 50 (Oblig. 2 1/2 0/0) Cours moyen	Taux moyen d'intérêt
	fr.	fr.	fr.	fr
1859	287 11			5 22 0/0
1869	328 01			4 59 0/0
1879	376 90			3 98 0/0
1889	412 19	413 59		3 63 0/0
1897	480 43	482 09	452 85	3 0/0

TABLEAU XII. — 3° *Compagnie du Nord.*

Années	Intérêt 15 fr. (Oblig. 3 0/0 anciennes) Cours moyen	Intérêt 15 fr. (Oblig. 3 0/0 nouvelles) Cours moyen	Intérêt 12 fr. 50 (Obl. 2 1/2 0/0) Cours moyen	Taux moyen d'intérêt
	fr.	fr.	fr.	fr.
1859	291 18			5 15 0/0
1869	338 03			4 44 0/0
1879	384 74			3 89 0/0
1889	420 47			3 56 0/0
1897	485 68	493 04	437 40	2 95 0/0

TABLEAU XIII. — 4° *Compagnie de Paris Orléans*

Années	Intérêt 50 fr. (Obl. 4 0/0) Cours moyen	Intérêt 15 fr. (Obl. 3 0/0 anciennes) Cours moyen	Intérêt 15 fr. (Obl. 3 0/0 nouvelles) Cours moyen	Intérêt 12 fr. 50 (Oblig. 2 1/2 0/0) Cours moyen	Taux moyen d'intérêt
	fr.	fr.	fr.	fr.	fr.
1859	933 36	291 29			5 30 0/0
1869	1 083 53	334 30			4 58 0/0
1879	1 170 06	381 13			4 19 0/0
1889	1 228	413 93	413 69		3 89 0/0
1897	1 295 59	482 70	484 67	455 25	3 40 0/0

TABLEAU XIV. — 5° *Compagnie de l'Ouest.*

Années	Intérêt 15 fr. (Obl. 3 0/0 anciennes) Cours moyen	Intérêt 15 fr. (Obl. 3/0 nouvelles Cours moyen	Intérêt 12 fr. 50 (Obl. 2/2 0/0) Cours moyen	Taux moyen d'intérêt
fr.	fr.	fr.	fr.	fr.
1859	289 02			5 18 0/0
1869	330 62			4 53 0/0
1879	378 59			3 96 0/0
1889	411 63	411 60		3 64 0/0
1897	481 79	483 43	455 70	2 99 0/0

TABLEAU XV. — 6° *Compagnie P. L. M.*

Années	Intérêt 15 fr. (Obl. 3 0/0 anciennes) Cours moyen	Intérêt 15 fr. (Obl. 3 0/0 nouvelles) Cours moyen	Intérêt 12 fr. 50 (Obl. 1/2 0/0) Cours moyen	Taux moyen d'intérêt
	fr.	fr.	fr.	fr.
1859	289 94			5 17 0/0
1869	331 09	328 56		4 54 0/0
1879	378 56	377 48		3 96 0/0
1889	411 28	410 32		3 65 0/0
1897	482 21	481 52	455 86	3 0/0

TABLEAU XVI. — *Grandes Compagnies de Chemin de fer.*

Taux d'intérêt moyen de leurs obligations (1859-1897).

Noms des Compagnies	Taux d'intérêt moyen en				
	1859	1869	1879	1889	1897
	fr.	fr.	fr.	fr.	fr.
Est............................	5 37	4 65	4 08	3 87	2 20
Midi.........................	5 22	4 59	3 98	3 63	3 »
Nord........................	5 15	4 44	3 89	3 56	2 95
Orléans....................	5 30	4 58	4 19	3 89	3 40
Ouest.......................	5 18	4 53	3 96	3 64	2 99
P. L. M....................	5 17	4 54	3 96	3 65	3 »
Taux général moyen.......	5 23	4 55	4 01	3 70	3 09

Baisse du taux de l'intérêt des obligations des six grandes Compagnies de chemins de fer pendant la période 1859-1897 : 40,90 o/o.

TABLEAU XVII. — *Obligations émises par diverses entreprises* (1).

Noms des sociétés ou entreprises	Date d'émission des obligations	Taux d'intérêt	Cours moyen de l'année 1897	Intérêts annuels
		fr.	fr.	fr.
Chemin de fer régionaux des Bouches du Rhône..............	1888	3 0/0	458 81	13 »
Chemin de fer Caen à la Mer.....	1889	3 0/0	447 »	15 »
Chemin de fer départementaux...	1883	3 0/0	469 »	15 »
Chemin de fer économiques......	1885	3 0/0	469 »	15 »
Chemin de fer Est de Lyon.......	1889	3 0/0	433 28	15 »
Chemin de fer Lyon à la Croix-Rousse....................	1862	3 0/0	447 51	15 »
Chemin de fer Médoc............	1868	3 0/0	451 35	15 »
Chemin de fer Sud de la France..	1888	3 0/0	461 95	15 »
Chemin de fer Bône-Guelma......	1883	3 0/0	476 38	15 »
Chemin de fer Est-Algérien.......	1879	3 0/0	469 30	15 »
Chemin de fer Ouest-Algérien.....	1876	3 0/0	472 04	15 »
Chemin de fer des Colonies françaises	1884	3 0/0	460 93	15 »
Aciéries de France..............	1891	4 0/0	508 39	20 »
Hauts fourneaux de Trignac......	1897	5 0/0	500 97	25 »
Ateliers et chantiers de la Loire..	1892	4 0/0	504 62	20 »
Société Dyle et Bacalan..........	1898	4 0/0	480 »	20 »
			(Cours du 2 nov. 1898)	
Decauville aîné.................	1897	4 0/0	477 20	20 »
Fives-Lille.....................	1876	6 0/0	496 23	24 »
Fives-Lille.....................	1896	4 0/0	513 73	20 »
Fonderies et forges d'Alais......	1893	4 0/0	481 63	20 »
Forges et chantiers de la Méditerranée.....................	1893	4 0/0	511 75	20 »
Hts fourneaux de Denain et Anzin.	1898	4 0/0	517 39	20 »
Société de Vezin-Aulnoye........	1865	4 0/0	507 40	20 »
Compagnie française des métaux.	1892	4 0/0	503 64	20 »
Compagnie auxiliaire des chemins de fer et travaux publics.......	1889	5 0/0	102 50	10 »
Mines de Blanzy................	1894	4 0/0	515 67	20 »
Mines d'Ostricourt.............	1895	4 0/0	500 »	20 »
Mines de Béthune (Bully-Grenay).	1876	3 0/0	465 92	15 »
Houillères de Dombrowa........	1893	4 0/0	508 46	20 »
Mines de Drocourt.............	1894	4 0/0	513 06	20 »
Mines de l'Escarpelle...........	1892	4 70 0/0	515 »	23 50
Mines de la Loire..............	1852	5 0/0	1.260 34	50 »
Mines de la Loire..............	1894	4 0/0	512 96	20 »
Mines de Marles	1893	4 0/0	506 »	20 »

TABLEAU XVII. — (*suite*).

Noms des sociétés ou entreprises	Date d'émission des obligations	Taux d'intérêt	Cours moyen de l'année 1897	Intérêts annuels
		fr.	fr.	fr.
Le Nickel.........................	1889	5 0/0	467 60	25 »
Le Nickel.........................	1897	4 0/0	384 95	20 »
Omnibus de Paris................	1889	4 0/0	507 »	20 »
Cie générale des voitures à Paris..	1888	4 0/0	518 70	20 »
Compagnie générale française des tramways.....................	1897	4 0/0	509 25	20 »
Compagnie générale parisienne de tramways...................	1891	5 0/0	511 47	25 »
Tramway de Paris à St-Germain..	1891	3 0/0	426 48	15 »
Tramways de Lyon.............	1892	4 0/0	316 15	12 »
Cie générale de traction.........	1897	4 0/0	430 »	20 »
Cie des bateaux parisiens........	1897	4 0/0	314 09	12 »
Messageries maritimes	1896	3 1/2 0/0	508 61	17 50
Compagnie de navigation Havre-Paris-Lyon-Marseille...........		4 0/0	513 45	20 »
Cie générale transatlantique......	1887	3 0/0	385 71	15 »
Cie des bateaux à vapeur du Nord.	1894	5 0/0	511 »	25 »
Compagnie Fraissinet et Cie.....	1888	4 0/0	507 91	20 »
Compagnie générale des eaux....		5 0/0	525 »	25 »
id................		4 0/0	515 50	20 »
id................		3 0/0	473 »	15 »
Cie des eaux pour l'étranger.....	1895	4 0/0	504 96	20 »
Cie parisienne d'éclairage et chauffage par le gaz................	1894	4 00	507 91	20 »
Compagnie de gaz Lebon et Cie...	1877	5 0/0	526 67	25 »
	1896	4 0/0	516 05	20 »
	1896	3 0/0	461 43	15 »
Compagnie Française d'éclairage et de chauffage par le gaz......	1891	4 0/0	306 08	12 »
Cie générale Belge pour l'éclairage et le chauffage par le gaz......		4 0/0	518	20 »
Cie continentale d'éclairage.....	1898	4 0/0	309 84 (Cours du 2 nov. 1898)	12 »
Compagnie générale du gaz pour la France et l'étranger........	1892	4 0/0	509 29	12 »
Compagnie gaz et eau..........	1892	4 0/0	509 63	20 »
Société Lyonnaise des eaux et de l'éclairage.................	1892	4 0/0	510 04	20 »

TABLEAU XVII. — (suite).

Noms des sociétés ou entreprises	Date d'émission des obligations	Taux d'intérêt	Cours moyen de l'année 1897	Intérêts annuels
		fr.	fr.	fr.
Société générale du gaz de Paris Hugon et Cⁱᵉ..................	1867	5 0/0	313 47	15 »
Société générale du gaz de Paris Hugon et Cⁱᵉ..................	1898	4 0/0	297 » (le 2 nov. 1898)	12 »
Union des gaz.................	1888 et 1892	4 1/2 0/0	521 18	22 50
Union des gaz.................	1896	4 0/0	512 15	20 »
Union des gaz.................	1898	3 1/2 0/0	488 » (le 2 nov. 1898)	17 50
Cⁱᵉ des cables télégraphiques.....	1891	5 0/0	453 29	25 »
Cⁱᵉ des cables télégraphiques.....	1895	4 0/0	491 62	20 »
Société des téléphones..........	1894	4 0/0	466 73	20 »
Cⁱᵉ générale d'électricité........	1898	4 0/0	505 »	20 »
Compagnie des procédés Thomson-Houston.................	1896	5 0/0	526 95	25 »
Société anonyme de produits chimiques.....................	1881	5 0/0	516 17	25 »
Société anonyme de produits chimiques.....................	1896	4 1/2 0/0	502 11	22 50
Société des sels gemmes et houilles de la Russie méridionale.......	1896	4 0/0	494 30	20 »
Grands moulins de Corbeil.......	1890	4 1/2 0/0	500 11	22 50
Comptoir de l'industrie linière....	1872	5 0/0	310 »	15 »
Société cotonnière St-Etienne du Rouvray....................		5 0/0	313 50	25 »
Société des anciennes salines domaniales de l'Est...............	1862	5 0/0	614 85	25 »
Total			38.268 55	1.542 »
			Soit un taux d'intérêt moyen de 4,02 0/0	

(1) Nous avons dans tout ce tableau évité, autant que possible de prendre des valeurs à lots : c'est pour ce motif que nous avons dû par exemple laisser de côté la Compagnie du canal de Suez. Quant à la colonne 2 (date d'émission) elle ne figure qu'à titre d'indication ; bien souvent en effet, les titres sont mis en circulation au fur et à mesure des besoins, sans qu'il y ait de date d'émission précise ; d'autres fois, nous n'avons pu nous procurer, que la date à laquelle l'émission a été autorisée par le Conseil d'administration.

BIBLIOGRAPHIE (1)

ALLARD. La question ouvrière à Berlin (1890).

AMELINE. Des institutions ouvrières au xix⁰ siècle.

ANNUAL REPORT OF THE BOARD OF TRADE (Londres, 1894-1898).

ANSIAUX. Heures de travail et salaires (Bruxelles, 1896).

ASSOCIATION française pour l'avancement des sciences. Congrès de Blois (Chaix, 1884).

AVENEL. La fortune privée à travers sept siècles.

AVENEL. Histoire économique de la propriété, des salaires, des denrées et de tous les prix, en général, depuis l'an 1200 jusqu'à l'an 1800.

BALLIN. Der Haushalt der arbeitenden Klassen (Berlin, 1883).

BARTHE. Le salaire des ouvriers en Espagne.

BEAUREGARD. Essai sur les théories de salaire, la main-d'œuvre et son prix.

BELLAMY. Seul de mon siècle en l'an deux mille (Paris, Guillaumin, 1891).

---

1. Il n'est peut-être pas de matière qui ait donné lieu à plus d'études, de travaux divers, que la question des salaires. Aussi notre bibliographie n'a-t-elle pas la prétention d'être complète ; elle ne comprend que les livres dont nous avons eu à faire usage, et encore, parmi eux, avons-nous laissé de côté les traités généraux d'économie politique, dont la plupart pourtant (celui de V. Pareto principalement) touchent à la question.

Bellom. Les lois d'assurance ouvrière à l'étranger. 2 vol. (1892-1896).

Benoist. Les ouvrières de l'aiguille à Paris. (Chailley, 1895).

Blanc H. Fragment d'une monographie des anciennes corporations ouvrières (1887).

Blanc L. Organisation du travail. Paris, 1848, 5ᵉ édition.

Block M. Annuaire de la statistique et de l'économie politique (Guillaumin, 1898).

Block M. L'Europe sociale (Guillaumin, 1892).

Boyer A. De l'état des ouvriers et de son amélioration par l'organisation du travail (1841, in-12).

Bureau P. Association de l'ouvrier aux profits du patron, et la participation aux bénéfices.

Bureau P. La diminution du revenu.

Chevallier. Les salaires au XIXᵉ siècle.

Cheysson. Le rôle et le devoir du capital (1 br. au siège du comité de défense et de progrès social).

Cheysson. La crise du revenu et la loi du travail (*Ibid.*).

Cheysson. Rapport sur les institutions patronales (Exposition de 1889. Groupe d'Economie sociale).

Cheysson. Le salaire au point de vue économique, statistique et social.

Cheysson. La baisse du taux de l'intérêt et les institutions de prévoyance.

Commission d'enquête sur la situation des ouvriers et des industries d'art, instituée par décret en date du 24 décembre 1881 (1884, in-4).

Colajanni. Il socialismo (Milan, 1898).

Coste. Etude statistique sur les salaires des travailleurs en France et le revenu de la France (Guillaumin, 1890).

Coste. Les questions sociales contemporaines (Guillaumin, 1886).

Courcy (A. de). Capital et travail.

Des Essarts P. Les dépôts de titres à la banque de France (Berger-Levrault, 1897).

Depasse H. Du travail et de ses conditions.

Documents publiés par la commission belge du travail.

Ducasse. Rapport fait au nom de la commission d'enquête sur les conditions du travail en France.

Duchatellier. Esssi sur les salaires et les prix de consommation de 1202 à 1830 (1845, in-8).

Engels. Der preis der arbeit (Berlin, 1872).

Enquête sur les conditions du travail en France pendant l'année 1872.

Errera. Instituzioni industriali populari (s. i.).

Exposition universelle de 1867. Jury spécial. Nouvel ordre de récompenses institué en faveur des établissements et des localités qui ont développé la bonne harmonie entre les personnes coopérant aux mêmes travaux, et qui ont assuré aux ouvriers le bien être matériel, intellectuel et moral. Rapport par M. A. Le Roux (1867, in-8).

Exposition universelle de 1889. Groupe d'Économie sociale. Rapports, 2 vol. Imprimerie nationale, 1891).

Fawcet H. Travail et salaire (traduit par Raffalovich (Guillaumin, 1887).

Fix. Observations sur l'état des classes ouvrières (Guillaumin, 1854).

Franklin. La vie privée d'autrefois, comment on devenait patron.

Foville (de). La France économique, 2 vol. 1889-90.

Gauthier. Le travail ancien et le travail moderne. (Chaix, 1889).

General Report on the wages of the manual labour classes in the United Kingdom (Londres).

George H. Progrès et pauvreté (traduction Guillaumin, 1889).

Grounlund. The cooperative commonwealth.

Howell G. Le passé et l'avenir des trade unions.

Jay. Etudes sur la question ouvrière en Suisse (Larose, 1893).

Lassalle. Capital et travail (traduit par B. Malon, 1880).

Lavollée R. Les classes ouvrières en Europe (3 vol. chez Guillaumin).

Lavollée R. La loi d'airain du salariat et la hausse des salaires en Angleterre (A. Picard, 1890).

L. Lefébure. L'ouvrier.

Leroy-Beaulieu P. La question ouvrière au xixᵉ siècle (Charpentier, 1873).

Leroy-Beaulieu P. Essai sur la répartition des richesses et la tendance à une moindre inégalité des conditions (Guillaumin).

Leroy-Beaulieu P. Le collectivisme, examen critique du nouveau socialisme (Guillaumin).

Le Play. Les ouvriers européens.

Levasseur. La théorie du salaire (Guillaumin, 1888).

Levasseur. Les classes ouvrières en France depuis la conquête de J. César jusqu'à la Révolution (Guillaumin, 1859).

Levasseur. L'ouvrier américain, 2 vol. (Larose 1898).

Lévy L. Wages and earnings of the working classes (Londres, 1887).

Lévy R. G. Le morcellement des valeurs mobilières (1 broch. du comité de progrès et de défense sociale).

Lindsay. Social work at the krupp Fondries-Philadelphie.

Marlo K. Untersuchungen über die organisation der abeit oder system der Weltökonomie (4 vol. Tubingen, 1884-1886).

Maroussem (P. du). La question ouvrière, 2 vol. (Rousseau, 1891-94).

Martin Saint-Léon. Histoire des corporations de métiers depuis leur origine jusqu'à leur suppression en 1791, suivie d'une étude sur l'évalution de l'idée corporative au xixᵉ siècle, et sur les syndicats professionnels (Guillaumin).

Mony S. Essai sur le travail (1877).

Musso. La dottrina del Salairo (Naples, 1898).

Neu J. Annuaire de la Finance (1898, chez l'auteur).

Neymarck. Les valeurs mobilières en France (Guillaumin, 1888).

Neymarck. Le morcellement des valeurs mobilières, les salaires, la part du capital et du travail (Berger-Levrault, 1896).

Nitti. Economia degli alti salari (Turin, 1895).

Office du travail. La petite industrie. Salaires. Durée du travail (Imprimerie nationale, 1893).

Office du travail. Notices et comptes rendus, 7 fascicules (Imprimerie nationale, 1893-1896).

Office du travail. Salaires et durée du travail dans l'industrie française, 4 vol. et 1 album graphique (Imprimerie nationale, 1893-1897).

Office du travail. Les associations ouvrières de production (Imprimerie nationale, 1897).

Office du travail. Les caisses patronales de retraites des établissements industriels (Imprimerie nationale, 1898).

Ouvriers (Les) des deux mondes. Etudes sur les travaux, la vie domestique, et la condition sociale des populations ouvrières des diverses contrées, 5 vol.

Picard A. Exposition universelle de 1889. Rapport général, 16 vol. (Imprimerie nationale, 1891).

Pierstorff-Stiftung. Ein Versuch zur Fortbildung des Grossindustriellen Arbeitsrechts (Leipzig, 1897).

Procès-verbaux de la commission chargée de faire une enquête sur la situation des ouvriers de l'industrie et de l'agriculture en France, et de présenter un premier rapport sur la crise industrielle à Paris.

Rapport général sur l'industrie métallurgique en 1894 (Charleroi, 1895).

Recueil des rapports sur les conditions du travail, adressés au ministre des affaires étrangères par les représentants de la République française à l'étranger, 12 vol. (Berger-Levrault, 1891).

REICHESBERG. Dr Die arbeit frage einst und jetzt. Ein akademiscehr Vortrag.

REPORT OF THE COMMISSIONER OF LABOR (Washington).

REPORT ON WAGES AND HOURS OF LABOR (Londres, 1894).

RICARDO. Rentes salaires et profits. Traduction de Formentin (Guillaumin, 1889).

ROBERT. Histoire de l'industrie française et de la classe ouvrière (1858).

ROUSIERS. La question ouvrière en Angleterre (Didot, 1895).

SEILHAC (L. de). La grève de Carmaux et la verrerie d'Albi.

SELIGMANN. Two chapters on the mediœval guilds of England (Baltimore, 1887).

STOCQUART. Le contrat de travail (Alcan, 1895).

TOLSTSOI ET BONDAREFF. Le travail (traduit par Eseytline-Flammarion, s. d.)

TAUSSIG. Wages and capital (Londres, 1896).

THUNEN Le salaire naturel et son rapport au taux de l'intérêt (traduit par Wolkolf. Guillaumin, 1857).

VILLEY. La question des salaires ou la question sociale (1887).

WEBB S. et B. Problems of modern industry (Londres, 1898).

PÉRIODIQUES

Bulletin de l'Office du travail.

Bulletin de la société d'économie politique (février 1893).

Bulletin de la société de statistique, n. de juillet-août et décembre 1896, et de juin 1897).

Bulletin de statistique et de législation comparée (année 1889, 1ᵉʳ semestre. — Année 1894, février 1895, mai 1896).

Bulletin of the department of labour (Washington, n. de septembre 1898).

Economiste français (janvier 1899, avril 1899).

Journal des économistes (novembre 1897 et les articles publiés annuellement dans le fascicule du mois de janvier par Raffalovich, et concernant l'état des marchés l'année précédente).

Journal Officiel (18 avril 1895).

Réforme sociale (15 octobre 1896).

Revue d'Economie politique (octobre 1898).

Revue de législation ouvrière et sociale.

Revue politique et parlementaire (juillet 1896).

Le Travail (Publication mensuelle de l'Office du travail belge).

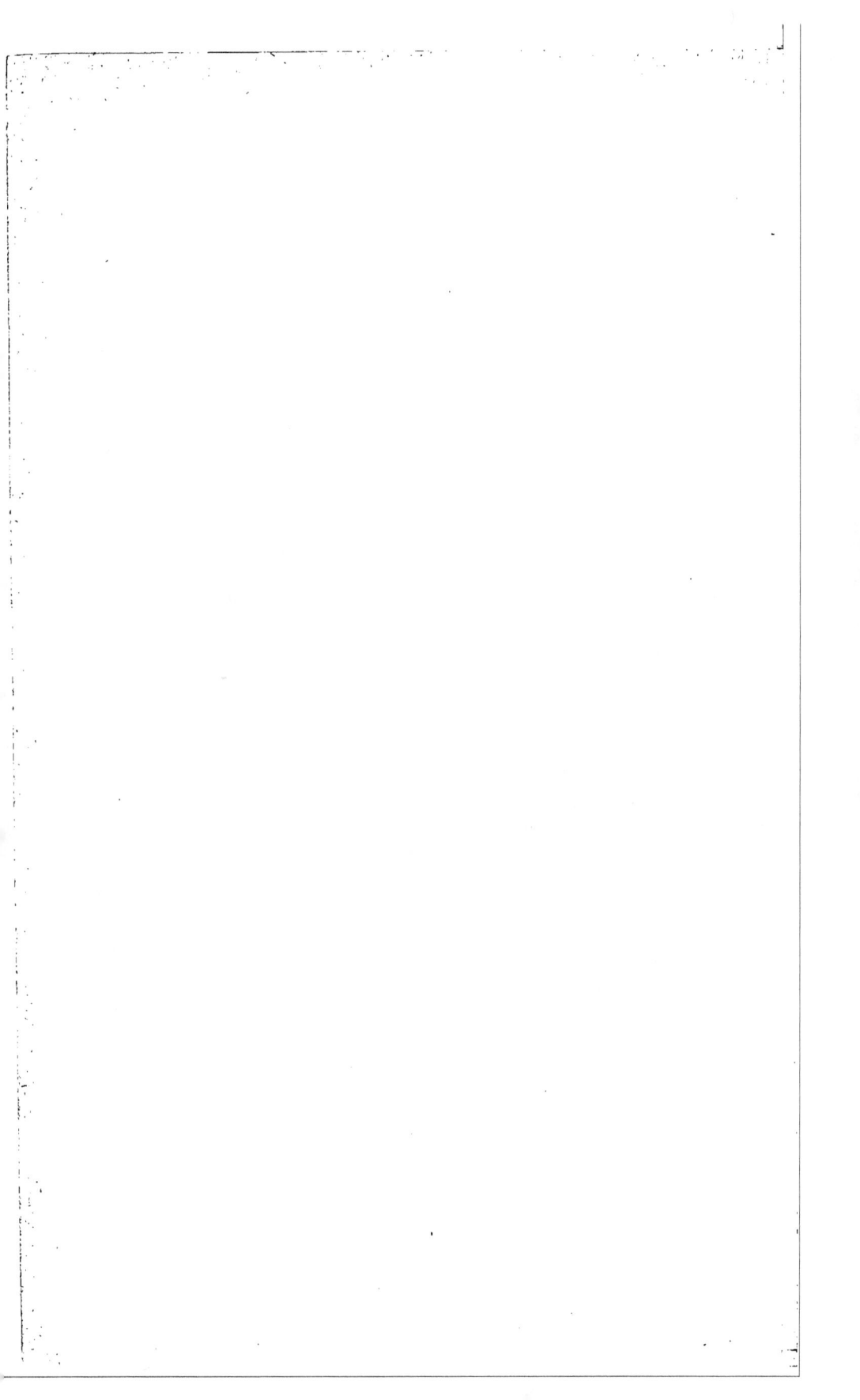

TABLE DES MATIÈRES

INTRODUCTION

Situation respective du capital et du travail dans la répartition. Y a-t-il égalité entre eux ? — Détermination des deux
phénomènes de hausse et de baisse. — Observations générales... 1

CHAPITRE PREMIER

INTÉRÊT DE LA QUESTION.............................. 17

La question proposée est intéressante à trois points de vue :
    1⁰ Beaucoup d'économistes espèrent que la loi de la
    baisse du taux de l'intérêt aidera à la pacification de la
    société, grâce à son heureuse influence sur les sa-
    laires... 17
    2⁰ La baisse du taux de l'intérêt n'est qu'un phénomène
    passager et la loi de sa décroisssance progressive
    n'existe pas. Si donc la hausse des salaires avait pour
    principale source l'abaissement du taux de l'intérêt, il
    s'ensuivrait, au jour où cette baisse cesserait, un arrêt
    dans le mouvement de hausse des salaires : d'où mécon-
    tentement des classes ouvrières et peut-être la révolu-
    tion 22

3⁰ Il est peu digne de prétendre que le capital se dépouille au profit des travailleurs, si la réalité est à l'opposé de ces affirmations........................ 32

CHAPITRE II

A QUELLES RÈGLES OBÉISSENT LES DEUX FAITS A ÉTUDIER ? DANS QUELLE MESURE LES DEUX MOUVEMENTS DE BAISSE DU TAUX DE L'INTÉRÊT ET DE HAUSSE DES SALAIRES SE SONT-ILS PRODUITS ?............................... .. 33

I⁰. — Les deux phénomènes paraissent surtout obéir à la loi de l'offre et de la demande. Différentes théories émises... 33

II⁰.—A.— Baisse du taux de l'intérêt. — 1⁰ en France. — 2⁰ à l'étranger (Angleterre, Russie). — 3⁰ Statistique englobant les valeurs françaises et étrangères........ 35
B. — Hausse des salaires. — 1⁰ *Salaire nominal; a)* en France ; *b)* A l'étranger (Allemagne, Angleterre, Belgique, Italie, Norvège, États-Unis, Japon) ; 2⁰ *Salaire réel : a)* en France ; *b)* à l'étranger (États-Unis, Angleterre, Japon)............................. 43

CHAPITRE III

INFLUENCE DE LA BAISSE DU TAUX DE L'INTÉRÊT SUR LES SALAIRES. — Y A-T-IL UN LIEN ENTRE CES PHÉNOMÈNES ? LA PART DU CAPITAL A-T-ELLE RÉELLEMENT DIMINUÉ ?........ 57

1⁰ Il a pu exister simultanément des hausses ou des baisses du taux de l'intérêt et de celui des salaires. Cet argument n'est pas convaincant. Pourquoi ?......... 58
2⁰ On ne peut concevoir une influence de la baisse du taux de l'intérêt sur les salaires que si la part du capital a diminué....................................... 61

A. — Influence sur les salaires de la baisse du taux
d'intérêt des fonds d'état 62

B. — La part du capital a-t-elle diminué ?

    a) Actions de sociétés anciennes — *α)* actions de
jouissance — *β)* action de capital................ 64

    b) Obligations des sociétés anciennes. Conversions.. 76

    c) Actions de sociétés nouvelles.................. 79

    d) Obligations de société nouvelles 82

CHAPITRE IV

L'ACCROISSEMENT DE LA RÉMUNÉRATION DU CAPITAL A-T-IL,
OU NON, ÉTÉ SUPÉRIEUR A CELUI DE LA RÉTRIBUTION DU
TRAVAIL ?.. 85

Non seulement la part du capital n'a pas diminué, mais encore elle a augmenté proportionnellement plus vite que
celle du travail :

    1º Est-ce juste ?.................................. 86

    2º Est-ce ce théoriquement possible ?.............. 90

    3º Est-ce qui existe dans la réalité ? Preuves de ce fait
par l'examen de l'industrie minérale, de l'industrie en
général, et par les statistiques de l'enregistrement.
Situation à l'étranger........................... 95

CHAPITRE V

CONCLUSION

L'abaissement du taux de l'intérêt n'a eu aucune heureuse
influence sur les salaires : il leur a nui, au contraire, en
obligeant les caisses de retraites à réduire leur taux d'inté-

rêt. D'un autre côté la part du capital s'est proportionnellement augmentée plus que celle du travail. Injustice de
ce double état de choses. — Moyen d'y remédier par la participation aux bénéfices et surtout par la coopérative. — Que
doit être l'avenir, et que faut-il penser des autres remèdes

proposés ? 113

APPENDICE

A. — Actions.............................. 129
B. — Obligations.......................... 140

Laval. — Imprimerie Parisienne, L. BARNÉOUD & Cᵢᵉ.

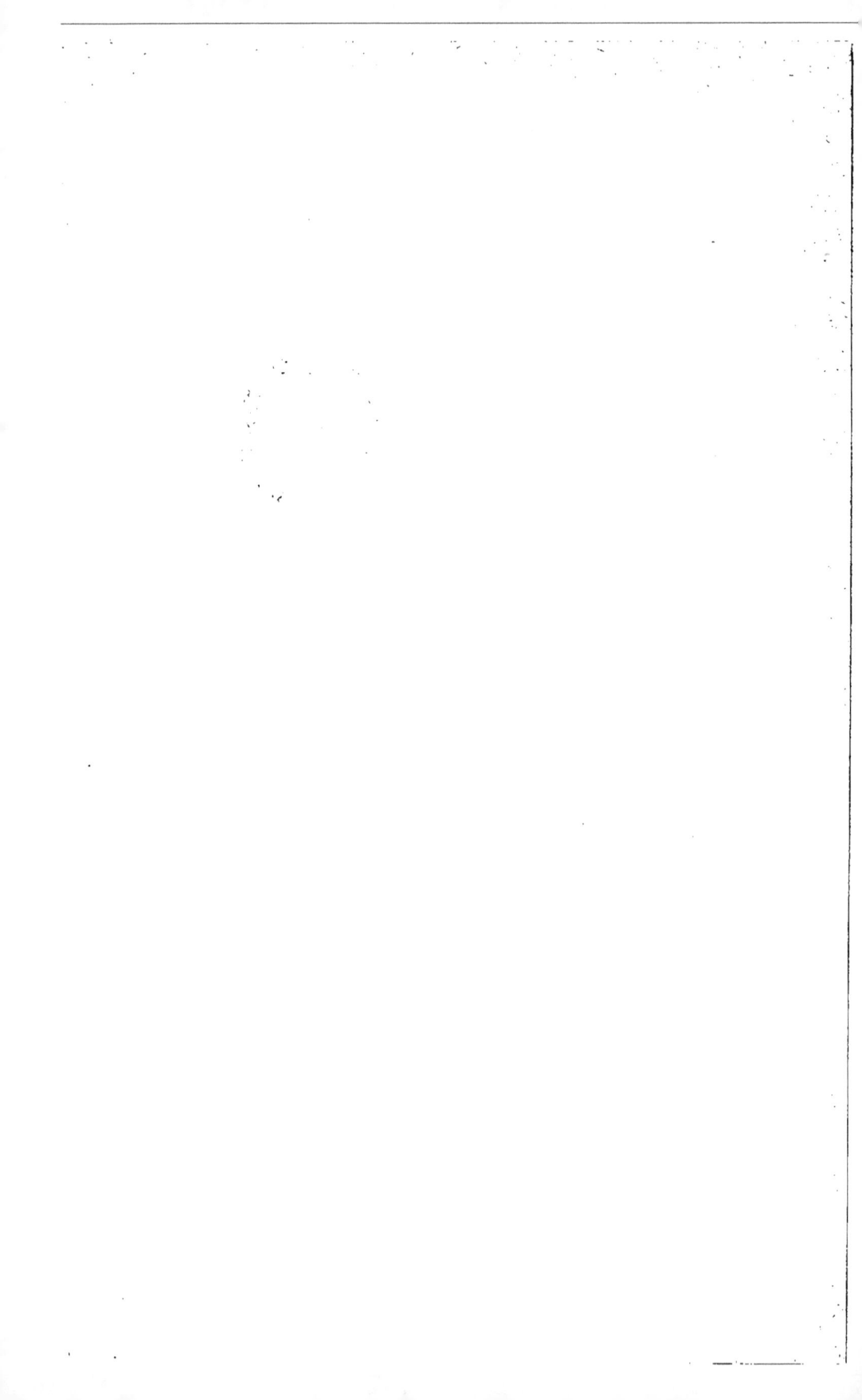

www.ingramcontent.com/pod-product-compliance
Lightning Source LLC
Chambersburg PA
CBHW071838200326

41519CB00016B/4152